UNIVERSITÉ DE GRENOBLE — FACULTÉ DE DROIT

LA
CHAMBRE D'ABONDANCE
DE LA
VILLE DE LYON
(1643-1777)

THÈSE POUR LE DOCTORAT

ès-sciences politiques et économiques

Présentée et soutenue le 1ᵉʳ Juillet 1911

PAR

Adrien RAMBAUD

LYON
IMPRIMERIE J. PONCET
Rue François-Dauphin, 18

1911

LA
CHAMBRE D'ABONDANCE
DE LA
VILLE DE LYON
(1643-1777)

UNIVERSITÉ DE GRENOBLE

FACULTÉ DE DROIT

MM. Fournier ✪ I, doyen, professeur de Droit romain, correspondant de l'Institut.
Guétat ✸, ✪ I, professeur de Droit criminel.
Balleydier ✪ I, assesseur du doyen, professeur de Droit civil.
Michoud ✪ I, professeur de Droit administratif.
Beudant ✪ I, professeur de Droit constitutionnel.
Cuche ✪ I, professeur de Procédure civile.
Reboud ✪ I, professeur d'Economie politique.
Duquesne ✪ I, professeur de Droit romain.
Bernard ✪ A, professeur de Droit commercial.
Porte ✪I, professeur d'Economie politique et d'Histoire des doctrines économiques.
Caillemer ✪ A, professeur d'Histoire du Droit.
Basdevant ✪ A, professeur de Droit international public.
Rougier Raphaël ✪ A, agrégé, chargé de cours de Droit civil.
Bonnecase, agrégé, chargé de cours de Droit civil.
Novel ✪ A, chargé de cours d'Eléments de Droit civil (capacité).
Chavanié ✪ I, secrétaire.
Royon ✪ I, secrétaire honoraire.

JURY DE LA THÈSE :

Président........ MM. Reboud.
Suffragants...... } Porte.
Basdevant.

La Faculté n'entend donner aucune approbation ni improbation aux opinions émises dans les thèses, ces opinions doivent être considérées comme propres à leurs auteurs.

UNIVERSITÉ DE GRENOBLE — FACULTÉ DE DROIT

LA
CHAMBRE D'ABONDANCE
DE LA
VILLE DE LYON
(1643-1777)

THÈSE POUR LE DOCTORAT
ès-sciences politiques et économiques

Présentée et soutenue le 1er Juillet 1911

PAR

Adrien RAMBAUD

LYON
IMPRIMERIE J. PONCET
Rue François-Dauphin, 18

1911

BIBLIOGRAPHIE

AFANASSIEV (Georges). — *Le commerce des céréales en France au XVIIIe siècle*, traduit du russe par Paul Boyer, Paris, Alphonse Picard, 1894.

Almanachs de la ville de Lyon, 1711-1780.

AVENEL (vicomte G. d'). — *Histoire économique de la propriété, des salaires, des denrées et de tous les prix en général depuis l'an 1200 jusqu'en l'an 1800*, 4 vol., Paris, Imprimerie nationale, 1894-1900.

— *Découvertes d'histoire sociale, 1200-1910*, Paris, Flammarion, 1910.

BAUMONT (H.). — *Etudes sur le règne de Léopold, duc de Lorraine et de Bar, (1697-1729)*, Nancy, Berger-Levrault, 1894.

BÉGUILLET. — *Traité des subsistances et des grains qui servent à la nourriture de l'homme*, 6 vol., Paris, Prault fils, 1780.

CHARLÉTY (Sébastien). — *Histoire de Lyon depuis les origines jusqu'à nos jours*, Lyon, Rey. 1903.

CILLEULS (Alfred des). — *Le prix de la vie en France du XVIe siècle à 1789*, dans la *Revue générale d'administration*, 1887, t. II, pp. 24 et suivantes.

CLAPASSON. — *Description de la ville de Lyon avec des recherches sur les hommes célèbres qu'elle a produits*, Lyon, Aimé Delaroche, 1741.

CLERJON (P.). — *Histoire de Lyon depuis sa fondation jusqu'à nos jours*, 6 vol., Lyon, Théodore Laurent, 1829.

CONRAD et ELSTER. — *Handwœrterbuch der Staatswissenschaften*, 6 vol., Iena, 1890-1895. V° Getreidehandel et Getreidepreise.

Discours sur la question proposée par la Société royale d'agriculture de Lyon pour le prix de 1772, Lyon, Aimé de la Roche, 1772.

DULAC (Albert). — *La formation des prix des denrées alimentaires de première nécessité*, Paris, Marcel Rivière, 1911.

GIDE (Charles) et RIST (Charles). — *Histoire des doctrines économiques*, Paris, Larose, 1909.

GUIGUE (Georges). — *Bibliothèque historique du Lyonnais*, t. I, Lyon, Vitte et Perrussel, 1886.

GUYAZ (Marc). — *Histoire des institutions municipales de Lyon avant 1789*, Paris, Dentu ; Lyon, Georg, 1884.

HERBERT (Cl. J.). — *Essai sur la police générale des grains, sur leurs prix et sur les effets de l'agriculture*, 1755, publié avec une introduction de M. Edgard Depitre. Paris, Paul Geuthner, 1910.

HISSENHOVEN (Paul Van). — *Les grains et le marché d'Anvers*, Anvers, Van Nylen, 1910.

LORÉDAN (Jean). — *La grande famine de 1709*, dans la *Revue*, 1er octobre 1909, p. 322.

MALLEY (l'abbé Th.). — *Une émeute à Lyon et le dévouement d'un archevêque (mai-juin 1693)*, dans la *Revue d'histoire de l'Eglise de France*, 25 juillet 1910, p. 285.

MESSANCE. — *Recherches sur la population des généralités d'Auvergne, de Lyon et de Rouen et de quelques provinces et villes du royaume avec des réflexions sur la valeur du bled tant en France qu'en Angleterre depuis 1674 jusqu'en 1764*, Paris, Durand, 1766.

RAMBAUD (Joseph). — *Histoire des doctrines économiques*, 3e éd., Paris, Larose, 1909.

Revue du Lyonnais, 1836-1900.

Revue d'Histoire de Lyon, 1902-1911.

ROCHEX (Paul). — *L'Hôtel de Ville de Lyon*, Lyon, A. Rey, 1911.

ROSCHER (Guillaume). — *Traité d'économie politique rurale*, traduction française de Charles Vogel, Paris, Guillaumin, 1888.

Rubys (Claude de). — *Histoire véritable de la ville de Lyon*, Lyon, Nugo, 1604.

Say (Jean-Baptiste). — *Traité d'économie politique*, 2 vol., 2ᵉ édit., Paris, Renouard, 1814.

Say (Léon) et Chailley (Joseph). — *Nouveau dictionnaire d'économie politique*, 2 vol., Paris, Guillaumin, 1891.

Serrigny. — *Droit public et administratif romain*, 2 vol., Paris, Durand, 1862.

Smith (Adam). — *Recherches sur la nature et les causes de la richesse des nations*, traduction française de Germain Garnier, 2 vol., Paris, Guillaumin, 1843.

Steyert (André). — *Nouvelle histoire de Lyon*, 3 vol., Lyon, Bernoux et Cumin, 1895-1899.

Turgot. — *Œuvres de Turgot*, publiées par Eugène Daire, 2 vol., Paris, Guillaumin, 1844.

Vingtrinier (Emmanuel). — *La vie lyonnaise*, Lyon, Bernoux et Cumin, 1898.

Weulersse (Georges). — *Le mouvement physiocratique en France de 1756 à 1770*, 2 vol., Paris, Alcan, 1910.

Young (Arthur). — *Voyages en France*, traduits de l'anglais, par Lesage, 2 vol., Paris, Guillaumin, 1882.

ARCHIVES MUNICIPALES DE LA VILLE DE LYON

Série AA. — Correspondance officielle.

Série BB. — Actes de l'autorité municipale, registres des délibérations du Consulat.

Série CC. — Comptabilité.

Séries FF, GG, HH, mentionnées dans l'inventaire Chappe, vol. III, IV, V, X, XIII, XVI.

INTRODUCTION

L'inégalité dans la production des denrées agricoles est un phénomène que l'on a constaté de tout temps, sans que les progrès accomplis par l'agriculture moderne soient parvenus à la corriger. Elle tient, en effet, à trop de causes diverses, contre lesquelles la science est restée impuissante. L'intempérie des saisons, les gelées, les inondations, la sécheresse, les ravages des insectes ne font-ils pas varier d'année en année dans de très larges proportions la quantité des produits que l'on récolte ?

Au contraire, en face de cette production essentiellement variable, nous observons une consommation à peu près constante. Le besoin des denrées agricoles et en particulier le besoin des céréales sont les plus impérieux et ceux qui attendent le moins. La consommation ne peut donc pas suivre une marche parallèle à celle de la production. Il en résulte tantôt une élévation des prix des céréales, bien supérieure aux déficits de la récolte, tantôt une baisse de ces prix, bien supérieure aux excédents. Ce double phénomène était déjà constaté à la fin du XVIIe siècle par Gregory King, qui avait observé qu'en Angleterre des déficits de 1, 2, 3, 4 et 5 dixièmes amenaient dans le prix des blés des hausses respectives de 3, 8, 16, 28 et 45 dixièmes (1).

Il faut d'ailleurs reconnaître que ces écarts de prix sont moins sensibles aujourd'hui qu'ils ne l'étaient autrefois. Il est rare, en effet, que les intempéries se fassent sentir la même année dans tous les pays producteurs de céréales, et, de nos jours, les transports de blés sont assez faciles, assez économiques, assez rapides surtout, pour qu'une importation de l'extérieur vienne combler les vides de la production à l'intérieur. Aussi le commerce, qui est actuellement servi tout ensemble par l'abondance des capitaux et la rapidité des informations non moins que des transports, peut-il parer à des insuffisances locales et passagères.

La perspective d'une disette n'effraye plus guère aujourd'hui les peuples civilisés, tandis que le souvenir des famines de l'antiquité était gravé dans la mémoire de nos ancêtres et qu'il suffisait à leur inspirer une vive frayeur à la simple apparition d'une période de cherté.

Avec ce caractère tout à fait local de l'approvisionnement et avec cette propension à l'inquiétude, le cours des céréales était essentiellement mobile, variant dans de fortes proportions d'un marché à un autre et non point seulement d'année à année. Ces fluctuations avaient pour résultat de rendre très

---

(1) Cf. Thorold ROGERS, *Interprétation économique de l'histoire*, tr. fr., chap. XII, pp. 222 et suiv.

incertain et très variable le coût de la vie et elles avaient pour cause, au dire des économistes, la mauvaise organisation du commerce des grains.

Il n'est donc pas étonnant que cette situation si défavorable aux intérêts des populations ait attiré l'attention des pouvoirs publics.

Tant que le commerce des blés laissé à lui-même et régi par la seule loi des intérêts privés ne s'est pas trouvé en mesure de remplir convenablement son rôle, les pouvoirs publics ont voulu lui venir en aide pour épargner aux individus, et par conséquent à la société en général, les misères et les souffrances qui accompagnaient nécessairement la moindre disette.

Cette intervention des autorités administratives s'est produite de deux manières différentes : tantôt on a eu recours aux remèdes curatifs, lorsque la disette se faisait déjà sentir, tantôt on a imaginé des remèdes préventifs pour empêcher le mal d'apparaître ou de se développer.

Les premiers ne sont pas d'un usage courant et continu ; il suffit d'y recourir lorsque l'insuffisance de la récolte s'est déjà manifestée par une élévation du prix des grains ; les seconds, au contraire, sont permanents, et l'on n'attend pas, pour en user, que l'éventualité qui les rendra nécessaires se soit déjà réalisée. Les uns sont accidentels et passagers, les autres sont durables.

Parmi les premiers il faut placer, non pas seulement la main-mise partielle ou totale des autorités administratives sur tous les services d'approvisionnement, mais aussi tous leurs autres modes moins directs d'intervention qui ont ce même caractère d'intermittence et d'occasion. Ainsi l'Etat facilitera l'importation des blés étrangers en supprimant ou en réduisant les droits de douane perçus aux frontières, ou bien encore il encouragera cette importation en promettant une prime plus ou moins élevée aux négociants qui entreprennent le commerce avec l'étranger. D'une manière comme de l'autre, c'est une subvention qu'il accorde au commerce des blés, et ce mode d'action se traduit toujours ou par une augmentation des dépenses publiques ou par une diminution des recettes fiscales.

Le système des primes à l'importation a le sérieux avantage de ne pas bouleverser le commerce des grains. Il est vrai qu'il peut être inefficace, si la prime est considérée comme insuffisante par celui qui doit en bénéficier, puisque le gain qu'il va faire ne lui paraît pas valoir les risques de l'opération. Il faut cependant reconnaître que ces encouragements donnés par l'Etat sont un utile stimulant qui certainement active les arrivages. Pour que ce système donne des résultats, il faut naturellement que la sortie des grains soit interdite pendant tout ce même temps ; sinon l'on n'aboutirait qu'à un simple transit et les dépenses seraient supportées par l'Etat, sans que les consommateurs en retirassent le moindre profit.

Des subventions de ce genre ont été tentées à

diverses reprises. En France, Turgot y eut recours à la suite de la mauvaise récolte de 1774. Un peu plus tard, en Angleterre en 1795, une prime de 16 à 20 shillings par quarter de froment fut promise aux importateurs (1).

L'Etat peut aussi faciliter l'importation en se bornant à suspendre ou plus simplement à réduire la perception des droits d'entrée sur les denrées alimentaires.

Il y avait de cela dans le fameux système de l'échelle mobile, que nous eûmes en France depuis 1819 jusqu'aux premières années du second Empire. On était pris entre le désir d'encourager la production agricole et celui de ne pas provoquer cependant la hausse exagérée qui eût desservi les consommateurs, et, suivant que les prix étaient plus ou moins distants du cours jugé cours normal pour une zone déterminée du territoire, les droits à l'importation alternaient avec des droits à l'exportation, les uns et les autres étant vite remplacés par la prohibition pure et simple d'importer ou d'exporter.

Ces divers procédés par lesquels l'intervention de l'Etat cherche à activer l'importation en période de cherté, ont au moins l'avantage de ne pas apporter de perturbations trop sérieuses au commerce libre des grains. Il est vrai que, lorsque celui-ci est bien organisé, il n'a aucun besoin d'être activé artificiellement, ni d'être suppléé, et les spéculations des négo-

---

(1) ROSCHER, *Economie rurale*, tr. fr., p. 653. Le quarter de froment (290 litres) valait alors 102 shillings.

ciants, leurs opérations entre les diverses nations du globe suffisent à assurer une fixité convenable des cours ou tout au moins à en combattre les brusques écarts. Au contraire, tant que cette organisation faisait défaut, et par elle la stabilité relative des cours, les pouvoirs publics ont pensé souvent qu'il était de leur devoir d'intervenir d'une manière plus efficace, toutes les fois au moins qu'une disette semblait à craindre.

C'est dans ces vues que les pouvoirs publics ont souvent essayé de faire eux-mêmes des approvisionnements et de pratiquer une sorte de politique annonaire. Mais ces opérations motivées par une crise passagère présentent de très réels inconvénients ; les économistes les jugent avec défaveur et l'histoire a d'ailleurs ratifié la condamnation qu'ils ont portée.

Ils critiquent tout d'abord l'opportunité de ces achats accidentels. Ils font remarquer que les informations sur l'état des récoltes et sur la quantité des céréales sont naturellement incertaines et approximatives. Sur la foi de ces informations parfois inexactes, l'administration peut donc se décider à acheter même une année où la récolte va être à peu près normale. Puis, dès que cette décision sera connue — et elle ne peut pas être cachée bien longtemps — l'alarme se répandra, on s'effrayera d'une disette, et en même temps que les achats publics se feront pour le compte des grands centres, les gens de la campagne et des petites villes, qui n'auront pas à compter sur les achats de l'administration, feront aussi leurs approvisionnements particuliers. Les détenteurs convaincus de la hausse ralentiront leurs ventes, de telle sorte qu'une diminution de l'offre coïncidera avec un développement de la demande. Il en résultera nécessairement une rapide élévation de prix, qui contribuera de son côté à augmenter l'inquiétude.

Toute mesure extraordinaire de l'Etat proclamant l'imminence d'une disette cause généralement des alarmes qui ne peuvent que troubler encore l'idée que l'on se fait de la véritable situation du marché. Enfin — et c'est là le plus grave défaut de ce système — l'intervention de l'administration publique dans les achats de grains a pour effet immédiat d'arrêter les opérations du commerce libre : car aucun spéculateur ne peut vouloir soutenir la concurrence contre des administrateurs qui n'agissent pas pour leur propre compte et qui ne cherchent pas à faire de bénéfices personnels. « Quand le gouvernement, écrivait Turgot, se charge de pourvoir à la subsistance des peuples en faisant le commerce des grains, il fait seul ce commerce, parce que, pouvant vendre à perte, aucun négociant ne peut, sans témérité, s'exposer à sa concurrence. Dès lors, l'administration est seule chargée de remplir le vide des récoltes. Elle ne le peut qu'en consacrant des sommes immenses, sur lesquelles elle fait des pertes inévitables (1). »

L'histoire a confirmé ces déductions logiques de la théorie. Pour ne citer que des exemples relativement

---

(1) Préambule de l'arrêt du Conseil d'Etat du 13 septembre 1774, TURGOT, Œuvres, édition Guillaumin, t. II, p. 172

récents, nous prendrons ceux que fournissent les opérations de Necker en 1789 et de Napoléon en 1811.

En juin 1789, Necker avait fait des achats de blés à l'étranger ; une hausse importante se produisit, témoignant bien de l'alarme qui s'était répandue dans la région entière. Cependant l'enquête consciencieuse d'un voyageur anglais, Arthur Young, tendrait à prouver que la récolte de 1789 avait été normale et que la hausse excessive du blé provenait uniquement des appréhensions du gouvernement, qui, dans son affolement, avait décidé de rétablir l'ancienne réglementation du commerce des grains (1).

De même, en 1811, l'administration impériale crut à un déficit de trente millions d'hectolitres. Dès le mois d'août, elle créa un Conseil des subsistances et fit acheter une grande quantité de grains pour les revendre à Paris. L'effet de ces mesures fut de semer l'inquiétude dans toute la France et de faire hausser partout le prix du blé ; à Paris, le sac de farine monta rapidement de 72 à 100 francs et, le 14 avril 1812, il atteignit 140 francs. Napoléon redoublait d'efforts pour garantir l'approvisionnement de Paris, sans se douter que ses malencontreuses opérations n'aboutissaient qu'à accélérer la hausse ; à vrai dire, même, le déficit n'était pas aussi grand qu'on se l'était imaginé, puisque l'importation ne dépassa pas un million d'hectolitres. C'est bien là un exemple frappant des effets déplorables que peuvent avoir des

---

(1) Arthur YOUNG, *Voyages en France*, traduction LESAGE, t. 1 p. 190.

mesures de ce genre, si généreuses et si humanitaires que puissent être les intentions de ceux qui les prennent.

Sous un régime de liberté, avec la concurrence et la spéculation, on ne rencontre pas des écarts de prix aussi brusques. Voilà pour les expédients des achats passagers.

A ce système des approvisionnements passagers, on a préféré pendant longtemps le procédé des réserves constituées d'avance par l'Etat ou par les autorités locales.

On décidait donc de mettre en réserve l'excédent de la production pendant les bonnes années pour pouvoir le consommer à la suite d'une mauvaise récolte.

A une époque où la civilisation ne permettait pas les apports des denrées provenant des régions plus favorisées, mais trop éloignées, ces précautions étaient regardées comme le véritable remède préventif des disettes. Ces réserves permanentes entretenues par l'autorité publique dans des magasins, auxquels on a donné le nom de « greniers d'abondance », devaient prémunir les populations contre l'éventualité des récoltes déficitaires.

A première vue, ce système paraît excellent. Si les pouvoirs publics disposent de capitaux suffisants pour acheter des grains et de locaux convenables pour les emmagasiner, ils doivent être capables, semble-t-il, d'empêcher toute disette de se faire sentir ou capables du moins d'en atténuer les conséquences dans de très larges proportions.

Il est facile, en effet, de mettre de côté l'excédent de la production, lorsque d'abondantes récoltes ont fait baisser le prix des grains et de le conserver jusqu'au jour où une mauvaise récolte aura causé la rareté de ces produits et, par conséquent, une hausse de leurs prix de vente. Les pouvoirs publics devraient, semble-t-il, opérer à coup sûr.

Ils pourraient, d'ailleurs, renoncer à ces bénéfices commerciaux, pour faire profiter les consommateurs des bienfaits de leur prévoyance en procurant un abaissement artificiel des prix de vente dans les périodes de grande cherté.

Ces avantages sont cependant compensés par les multiples inconvénients qui résultent de l'application de ce système d'approvisionnements permanents. Tous les économistes condamnent aujourd'hui les greniers d'abondance.

Le plus sérieux obstacle à l'utilisation pratique et avantageuse des réserves permanentes de grains réside dans les difficultés de la conservation des blés. Si les céréales pouvaient se garder indéfiniment, comme beaucoup de matières minérales, l'institution des greniers d'abondance devrait donner des résultats très favorables. Les autorités qui auraient acheté à bon compte des approvisionnements pendant les années d'abondance pourraient attendre patiemment le jour où une mauvaise récolte surviendrait ; elles seraient assurées de les revendre à un prix beaucoup plus élevé. La différence entre le prix d'achat et le prix de vente suffirait certainement à payer les frais généraux d'une telle entreprise et les intérêts des capitaux engagés pour l'achat de cet approvisionnement ; car sur dix récoltes il y en a au moins trois qui sont mauvaises ou fort médiocres (1).

Malheureusement ces bénéfices commerciaux sont absolument compromis par la conservation défectueuse des approvisionnements de blé. Comme toutes les matières organiques, les grains sont sujets à des modifications chimiques qui en altèrent la composition et les rendent impropres à être consommés. Surtout lorsque les grains ont été récoltés dans une période d'humidité, leur conservation présente de grandes difficultés, dès que les chaleurs de l'été suivant se font sentir : alors les blés emmagasinés s'échauffent et prennent mauvais goût ; une sorte de fermentation survient, qui en altère la qualité. Lors même que la moisson a été récoltée par une température favorable, on n'est pas complètement à l'abri de ces ennuis. Le plus longtemps que l'on puisse en garder de grandes quantités ne dépasse guère deux ou trois ans et même, pour arriver à ce résultat, il faut prendre les plus grands soins, afin de chasser peu à peu l'humidité naturelle au moyen d'une aération aussi complète et continue que possible.

Autrefois l'on y parvenait par le procédé du tour-

---

(1) HERBERT, *Essai sur la police générale des grains*, dans la collection des Economistes, édition Geuthner, Paris, 1910, pp. 38-39.

nage à la pelle ; mais il fallait pour cela une main-d'œuvre considérable, car on devait remuer les blés une fois au moins par semaine et les techniciens recommandaient même de le faire tous les trois ou quatre jours du 1er avril au 1er octobre (1).

Sans doute, les progrès de la science moderne ont modifié cet état de choses, et grâce à une dessication par le moyen d'étuves on arrive à prolonger quelque peu la conservation des grains. On ne peut cependant pas les garder indéfiniment. D'ailleurs ces perfectionnements n'ont été imaginés que depuis la fin du XVIIIe siècle ; avant qu'ils fussent connus, la conservation des grains restait limitée à une période assez brève et comprise entre un et trois ans, suivant les circonstances atmosphériques au temps de la moisson et suivant les soins que l'on prenait dans les greniers (2).

Ce défaut que présentent les grains est l'une des principales causes de l'insuccès des greniers d'abondance : car c'est lui qui empêche le plus souvent une telle entreprise d'attendre le moment propice où l'approvisionnement emmagasiné en prévision d'une disette pourrait être écoulé. La direction des greniers pourra très bien se trouver dans l'obligation de céder

---

(1) BÉGUILLET, *Traité des subsistances et des grains qui servent à la nourriture de l'homme*, t. II, p. 475.

(2) Dans les grands établissements, où l'on conserve des quantités considérables de grains, on remplace le pelletage effectué à la main par le pelletage mécanique. C'est ainsi qu'aux magasins à grains d'Anvers le travail d'aérage des grains s'effectue très rapidement au moyen de bandes transporteuses et d'élévateurs à grains. (Cf. Paul Van HISSENHOVEN, *Les grains et le marché d'Anvers*, pp. 572-578).

ses blés au prix courant pour éviter de les voir s'altérer. Plutôt que de laisser gâter son stock, l'administration se résignera donc à le vendre d'urgence, sans en retirer le bénéfice sur lequel elle avait cru pouvoir compter.

Si ce premier échec ne la décourage pas, elle devra recommencer immédiatement ses achats sans se laisser jamais surprendre par l'arrivée inopinée d'une période de cherté. Ce renouvellement constant de réserves très importantes de blés entraîne ainsi des frais considérables d'achat, de magasinage et de vente.

Il faut donc, pour mener à bien une entreprise de ce genre, disposer de capitaux très élevés. Si l'Etat voulait acquérir un approvisionnement capable d'assurer pendant une année l'alimentation de toute la nation, il lui faudrait avancer des sommes colossales. Le calcul serait facile à faire, en prenant pour base une consommation moyenne de trois hectolitres de blé par homme et par an (1). Sans doute, l'Etat limiterait l'approvisionnement de réserve et se contenterait d'un stock de grains équivalent à la consommation de quelques mois seulement. Mais alors, ou bien les sommes à dépenser resteraient encore fort élevées, ou bien l'approvisionnement serait tellement réduit qu'il ne présenterait plus les mêmes avantages.

Toutes proportions gardées, les difficultés financières sont les mêmes pour les autorités locales qui

---

(1) ROSCHER (*op. cit.*, p. 624) estime que cette consommation varie dans la zone tempérée de 2 3/4 à 5 ½ hectolitres.

veulent adopter ce système de réserves permanentes de grains.

Il reste aussi la question des locaux. Il faut, pour emmagasiner cet approvisionnement, des greniers très vastes ; leur construction et leur entretien constituent des charges très onéreuses. Les intérêts des sommes dépensées pour les achats et pour la mise sur pied de toute l'entreprise grèvent les finances municipales aussi longtemps que la revente n'a pas remboursé les premières avances de fonds. Presque toujours, ajouterons-nous, le produit de cette vente ne suffit pas au remboursement complet des dépenses d'achat, des frais de conservation et des intérêts des sommes avancées.

. Plusieurs raisons, en effet, tendent à accroître, au détriment des pouvoirs publics, l'écart entre le prix de vente des blés et leur prix de revient. En premier lieu, les achats faits par une administration publique sont ordinairement plus onéreux que ceux des négociants, parce que les administrations n'agissent pas pour leur propre compte et ne sont pas stimulées par l'aiguillon de l'intérêt personnel. Ces achats ne peuvent pas non plus être faits avec le même secret, avec la même modération que ceux des particuliers ; le prix est plus élevé ou la qualité est moindre. Les frais de conservation surtout sont plus considérables dans les greniers d'abondance, puisque l'on y conserve le blé beaucoup plus longtemps que les négociants particuliers, qui renouvellent constamment leurs stocks par des achats et des ventes. Enfin, les difficultés de la vente sont bien plus grandes pour une administration que pour des particuliers ; plus lente à se décider, douée d'un moindre esprit d'initiative, l'administration laisse facilement passer le moment le plus propice, et peut-être ensuite lui faut-il procéder à une vente rapide, de crainte que ses blés ne se corrompent ou ne prennent mauvais goût. Dans ce cas, la perte peut avoir une double cause, soit que l'écoulement ait lieu à un moment inopportun, soit que les grains revendus soient déjà détériorés.

Les plus grosses pertes ne proviennent pas uniquement de tous ces frais et de toutes ces dépenses, mais bien plutôt des libéralités que l'administration est tentée de faire sous prétexte de mieux atteindre son but. Parfois, pour soulager la misère, pour éviter une augmentation du prix du pain, elle décide de vendre ses blés à un prix inférieur au prix courant. Nous touchons ici au plus grave danger que les greniers d'abondance aient présenté. La simple menace de ces ventes au-dessous des prix normaux a pour résultat de détourner les efforts de la spéculation indépendante et de restreindre, sinon même de suspendre les opérations des marchands. Ils ne peuvent pas, en effet, lutter contre une pareille concurrence et ils se dispensent d'amener des grains dans une ville où le pain n'atteint pas le prix que commanderait la valeur du blé. Dès lors, les grains du dehors n'arrivant plus, puisque le libre jeu de la loi de l'offre et de la demande est entravé d'une façon artificielle, l'administration se trouve obligée de multiplier ses achats pour satisfaire à la consommation totale, et elle ne peut plus y réussir qu'en sacrifiant des sommes toujours plus fortes. On s'est engagé dans un cercle vicieux : c'est parce que le procédé est mauvais que l'on s'est condamné à y persister et à s'y enfoncer toujours plus profondément. Les greniers d'abondance ont détruit le commerce libre ; et la destruction du commerce libre réclame à son tour les greniers d'abondance.

C'est bien là le défaut capital du système qui veut laisser aux pouvoirs publics le soin de corriger les inégalités des récoltes par l'entretien permanent des réserves de blés. La mise en vente de ces stocks au début d'une disette paralyse l'activité du commerce libre, au moment où les négociants auraient le plus grand besoin d'être stimulés. Bien plus, le seul fait pour eux de savoir que les autorités font des approvisionnements enlève toute sécurité à leurs opérations : ils s'abstiennent de spéculer, de peur d'entrer subitement en concurrence avec une administration qui ne recherche pas exclusivement la réalisation de bénéfices commerciaux.

Lorsqu'une disette se fait sentir, l'administration se trouve ainsi substituée au commerce libre ; elle doit en assumer toutes les charges, tandis qu'elle comptait seulement lui venir en aide et atténuer les effets d'une mauvaise récolte en versant son stock sur le marché. Ainsi devant l'abstention des marchands de blé, abstention motivée par l'incertitude des bénéfices qu'ils peuvent réaliser, l'administration se voit finalement obligée d'assurer à elle seule toute la tâche de l'alimentation publique.

Dans ces circonstances critiques, qui expliquent l'affolement des pouvoirs municipaux, les achats sont souvent trop importants ou bien les blés commandés pendant la disette parviennent trop tard, à un moment où une nouvelle récolte a fait baisser considérablement les cours de cette denrée. Mais alors les consommateurs ne veulent plus acheter les blés de l'administration : car ils en trouvent à meilleur compte dans le commerce particulier, qui s'est empressé de recommencer ses opérations.

Les greniers publics restent donc encombrés des blés : cependant ils ne peuvent plus les vendre sans s'infliger des pertes excessives, à moins qu'ils ne jouissent de privilèges coercitifs pour les vendre quand même au prix de revient. Cette fois la situation est retournée : ces privilèges sont devenus un monopole, quoique monopole provisoire ; ils permettent de lever un véritable impôt sur la population, en ajournant une baisse qui devait se faire sentir ou plus prompte ou plus forte. Dans cette hypothèse, les greniers d'abondance sont allés à l'encontre du but que leurs fondateurs leur avaient assigné.

En somme, lorsque les autorités veulent recourir à ce système de réserves permanentes en vue de résultats exclusivement commerciaux, on constate bientôt que le succès ne vient pas récompenser leurs efforts. L'entreprise donne de mauvais résultats financiers. Il est vrai que, le plus souvent, ce n'est pas l'idée de bénéfices à réaliser qui inspire les promoteurs d'une entreprise de ce genre ; ce n'est pas l'esprit de lucre qui les anime, mais bien plutôt la volonté d'épargner à la population les misères d'une disette. Les administrateurs consentiront donc volontiers des libéralités en cédant leurs approvisionnements à un prix inférieur au prix courant ; ils le feront même d'autant plus facilement qu'ils ne seront pas personnellement responsables de leur gestion. Mais alors les pertes de l'administration s'accumuleront avec une rapidité inouïe pendant toute la durée de la disette. Finalement, ce seront les contribuables eux-mêmes qui en supporteront les conséquences : ils auront à payer des impôts nouveaux pour combler le déficit de cette entreprise. Comment seront répartis ces impôts ? Ne risque-t-on pas de grever les citoyens au rebours des services que l'institution leur aura rendus ?

Ces déductions ont amené les économistes à condamner également tous les approvisionnements que l'Etat ou les autorités locales pourraient entreprendre, soit d'une manière accidentelle, soit sous la forme de réserves permanentes.

Déjà dans la seconde moitié du xviiie siècle, en même temps qu'une réaction se produisait contre la réglementation trop rigoureuse du commerce des blés, les greniers d'abondance perdaient peu à peu tous leurs partisans. On ne demande plus l'établissement de magasins publics, comme le proposaient, quelques années auparavant, d'Argenson et Law (1). On affirme, au contraire, les avantages que pro-

---

(1) Cf. G. WEULERSSE, *Le mouvement physiocratique en France de 1756 à 1770*, Paris, 1910, t. I, pp. 12-13 et 21.

curerait la véritable liberté du commerce des grains.

Boisguillebert réprouve sévèrement « ces approvisionnements d'autorité et de violence » (1). Herbert également ne montre aucune indulgence à l'égard des magasins publics ; il les trouve beaucoup trop onéreux et assure qu'ils nuisent à la fois au public et au vendeur (2). Remarquons en passant qu'il était assez mal renseigné, puisqu'il ne connaissait pas les expériences que l'on avait tentées en France au moment même où il écrivait son *Essai sur la police générale des grains* : « L'on a proposé bien des fois, dit-il, de faire des magasins publics ; mais il y a tant d'inconvénients dans cet établissement, qu'il n'est point surprenant qu'on n'ait point encore pris ce parti (3). »

Depuis cette époque, les économistes se sont prononcés toujours en plus grand nombre contre ce procédé d'approvisionnement par l'Etat ou de réserves entretenues en tout temps pour parer aux conséquences d'une disette. Ils ont tous proclamé les avantages de la liberté complète du commerce des grains. Turgot affirmait publiquement cette théorie en 1774, après l'avoir appliquée dans le Limousin en 1770 alors qu'il était intendant de cette province : « Le gouvernement ne peut donc se réserver le transport et la garde des grains sans compromettre la

---

(1) Cité par G. WEULERSSE, *Le mouvement physiocratique en France de 1756 à 1770*, t. I, p. 527.
(2) HERBERT, *op. cit.*, p. 9.
(3) HERBERT, *op. cit.*, p. 8.

subsistance et la tranquillité des peuples. C'est par le commerce seul, et par le commerce libre, que l'inégalité des récoltes peut être corrigée (1). »

Trente ans plus tard, Jean-Baptiste Say tient un raisonnement analogue : « Si les ventes que fait l'administration font baisser le prix du grain au-dessous du taux naturel où l'établissent sa rareté et les autres circonstances, elles arrêtent toute espèce d'approvisionnement libre : personne n'est disposé comme elle à faire le commerce pour y perdre (2). »

Entre les deux, Adam Smith lui-même est encore plus formel et plus affirmatif à cet égard : « La liberté du commerce des grains, dit-il, liberté sans restriction et sans limite, n'est pas seulement le meilleur préservatif contre la famine, mais c'est aussi le plus sûr moyen d'en atténuer les souffrances, quand elle a frappé la population (3). »

Il est inutile de multiplier les citations, puisque de nos jours le principe de la liberté est admis sans réserves. Il ne semble donc pas qu'il faille craindre un retour aux pratiques et aux réglementations anciennes.

Par contre, il faut reconnaître que ces principes économiques, placés maintenant hors de conteste, n'avaient pas même été soupçonnés dans l'antiquité. Alors, en effet, l'idée fort simple des greniers d'abon-

---

(1) Turgot, *Œuvres*, t. II, p. 174.
(2) Jean-Baptiste Say, *Traité d'économie politique*, éd., 1834, t. I, p. 262.
(3) Adam Smith, *Richesse des Nations*, trad. Garnier, 1843, t. II, pp. 130-131.

dance était venue la première à ceux qui cherchaient à réserver les excédents des bonnes années pour combler avec eux les insuffisances des mauvaises, avec cette excuse, il est vrai, que l'absence ou la difficulté des transports leur donnaient pour ces temps-là.

Le premier exemple que l'histoire nous ait conservé de cette politique commerciale, nous est fourni par Pharaon constituant des stocks de grains sur le conseil de Joseph; le roi d'Egypte fit amasser pendant sept années consécutives le cinquième des récoltes de ses sujets pour le revendre ensuite, soit à son peuple, soit aux étrangers, pendant les sept années de disette qui devaient suivre (1). Cette mesure constituait un vaste accaparement avec monopole de l'Etat, mais au moins ce n'étaient pas des greniers d'abondance créés d'une façon durable et permanente.

Les Romains eurent ensuite les leurs, qu'ils confièrent à une administration spéciale, appelée l'annone. Celle-ci avait des entrepôts en Sicile, en Sardaigne et en Egypte, avec une flotte spéciale pour le transport des grains. Mais elle n'était pas seulement chargée de mettre du blé en réserve, elle avait surtout pour mission de subvenir à l'alimentation des indigents par des distributions de blé qu'elle

---

(1) *Genèse*, chap. XLI.

leur faisait. Ces distributions furent inaugurées en l'an 123 avant l'ère chrétienne par Caïus Gracchus. Elles furent faites d'abord pour des prix très modiques ; puis la loi Clodia, en 58 avant Jésus-Christ, en édicta la gratuité. Le nombre des bénéficiaires s'accrut rapidement et il y eut les plus scandaleux abus. César essaya bien d'y remédier, mais ces abus reparurent bientôt. Sous Aurélien, en 270, les distributions devinrent quotidiennes, et l'annone ne donnait plus du blé, mais du pain ; ce système subsista jusqu'à la chute de l'empire romain. Un tel régime, qui mettait à la charge de l'Etat l'alimentation d'un très grand nombre de citoyens, imposait aux finances de l'Empire les plus lourds sacrifices ; pour y faire face, il fallait des impôts écrasants qui pesaient sur toutes les provinces.

Dans les dernières années du moyen âge, le système des réserves permanentes fut préconisé dans quelques Etats. En Allemagne, par exemple, l'empereur Charles IV, dans une loi de 1362, prescrivit aux villes et aux couvents l'établissement de magasins publics pour l'éventualité d'une disette aussi bien que pour la subsistance d'une ville pendant la durée d'un siège. Ils avaient souvent une destination purement militaire. Les économistes allemands citent les magasins publics de Nuremberg, de Strasbourg et de Breslau (1). A la fin du XVIᵉ et au commencement du XVIIᵉ siècle d'autres Etats allemands, le

---

(1) ROSCHER, *op. cit.*, p. 645. — Cf. également CONRAD et ELSTER, *Handwörterbuch der Staatswissenschaften*, v. *Getreidehandel*.

Wurtemberg et la Hesse, mirent ce système en pratique.

Au xviiiᵉ siècle la Prusse eut aussi ses greniers publics. Frédéric II les organisa sur une plus vaste échelle, en évitant de leur donner une destination exclusivement militaire (1).

Ces greniers publics, qui devaient contenir en tout temps un approvisionnement effectif de quarante mille muids, eurent plus d'un siècle d'existence, de 1726 à 1840, avec quelques années seulement d'interruption. On se rendit compte finalement que leur entretien causait des dépenses qui n'étaient pas proportionnées aux avantages que la population en retirait (2).

On peut citer aussi quelques expériences tentées en Russie sous le règne de Catherine II (1763-1796) et à Genève au xviiiᵉ siècle (3). Dans les Etats de l'Eglise et à Naples, il exista depuis le xviᵉ siècle sous le nom d'annone une administration spéciale qui était destinée à pourvoir les grandes villes de blé à bon marché aux dépens des cultivateurs. Elle pouvait faire à un prix qu'elle fixait elle-même des réquisitions pour ses greniers d'abondance ; mais elle devait en principe les revendre sans bénéfice ni dommage. Ces opérations se changèrent bientôt en un monopole très lucratif (4).

En France, sous l'ancien régime, les greniers

---

(1) Roscher, *op. cit.*, p. 646.
(2) Id., *ibid.*, p. 646.
(3) Id., *ibid.*, pp. 646-647.
(4) Id., *ibid.*, p. 651.

publics furent parfois recommandés par les ordonnances royales comme un moyen de prévenir les disettes. Ainsi l'ordonnance de février 1567, œuvre du chancelier L'Hospital, prescrivit aux officiers des villes de « faire pourvoyance et réserve en greniers publics de telle quantité de grains qu'elle pût servir de prompt secours en cas de nécessité et suffire pour fournir les habitants desdites villes l'espace de trois mois pour le moins » (1).

Ces prescriptions ne furent certainement pas observées dans toutes les villes du royaume : les guerres empêchèrent l'exécution de l'ordonnance.

En tout cas, il est certain qu'à cette époque la théorie des greniers publics avait pour elle de nombreux partisans. On peut citer parmi eux l'un des précurseurs des économistes, Jean Bodin, qui, dans sa *Réponse au sieur de Malestroit,* dit en parlant des chertés et des famines : « Le moyen d'y donner ordre, c'est d'avoir en chaque ville un grenier public, comme on avait anciennement ès villes bien réglées, et en ce royaume, devant les querelles de la maison d'Orléans et de Bourgogne, et que tous les ans on renouvellast le vieil blé. En quoy faisant, on ne verroit jamais la cherté si grande qu'on voit : car, outre ce qu'on auroit provision pour les mauvaises années, on retrencheroit aussi les monopoles des marchands qui serrent tout le blé et souvent l'achettent en gerbe pour y asseoir le prix à leur plaisir (2). »

---

(1) *Code Henry*, livre X, titre IV ; Paris, Rolet Boutonné, 1622, f° 282, r°.
(2) Jean BODIN, *Réponse au sieur de Malestroit*, édition de Gabriel Cartier, 1599, f° 61, r°.

Le gouvernement ne se mit cependant pas en devoir d'organiser pour tout le pays ces réserves permanentes que prônaient les économistes. Seules quelques administrations locales eurent l'audace de les essayer dans l'intérêt de leurs habitants.

L'expérience fut tentée dans quelques villes, par exemple, à Besançon, à Lyon, à Marseille et à Nancy.

Les greniers publics de Besançon, dont l'origine remonterait au début du XVe siècle, n'auraient été primitivement « qu'une simple réserve, une ressource contre les disettes » : mais, en 1680, l'autorité locale obligea les boulangers à y prendre chaque année une certaine quantité de blé pour le renouveler, puis depuis 1735 on les contraignit de s'y approvisionner entièrement (1).

En Lorraine ce fut le duc Léopold qui eut le premier l'idée de faire emmagasiner pendant les bonnes années des grains qui étaient vendus à un prix raisonnable pendant les mauvaises. Déjà, pendant la cherté de 1699, le duc de Lorraine « fit faire des magasins de 25.000 à 30.000 sacs qu'on renouvelait tous les ans » (2). En outre, les approvisionnements des particuliers étaient tolérés en Lorraine, tandis qu'en France on empêchait « les particuliers de faire des magasins pour conserver les grains à un

---

(1) BÉGUILLET, *Traité des subsistances et des grains qui servent à la nourriture de l'homme*, 1780, t. II, pp. 396 à 402. Béguillet ne paraît pas très bien renseigné sur les greniers de Besançon.

(2) BAUMONT, *Etudes sur le règne de Léopold, duc de Lorraine et de Bar (1697-1729)*, p. 477.

prix bas pour le public ». Mais ce dernier moyen de prévenir la disette fut considéré comme dangereux, parce qu'il pouvait permettre des spéculations fort profitables. Aussi les efforts du duc Léopold tendirent-ils de plus en plus à une municipalisation de ces magasins.

Une ordonnance de 1717 (1) mettait à la charge de la ville de Nancy la location des greniers, l'entretien des blés et la rendait responsable de la conservation des dépôts, même en cas d'émeute. Puis d'autres greniers publics furent créés dans d'autres villes.

Cette organisation fut enfin généralisée par l'ordonnance du 12 décembre 1725 (2).

Les particuliers aisés furent invités à s'approvisionner pour l'année ; en même temps les cultivateurs et les décimateurs devaient déposer une partie de leur récolte ou de leurs rentes en nature dans les magasins publics établis dans vingt-quatre localités. On prévoyait que, si la vente des grains ainsi emmagasinés devenait nécessaire avant la moisson de 1726, elle se ferait dans chaque dépôt sur l'ordre du duc, et que le prix en serait réparti par les soins du maire entre les divers producteurs. En fait, comme la récolte de 1726 fut bonne, les grains furent restitués à leurs propriétaires à charge pour eux de fournir la même quantité de grains nouveaux (3). Après la mort de Léopold en 1729, son ordonnance tomba peu

---

(1) BAUMONT, *op. cit.*, p. 478.
(2) ID., *ibid.*, p. 479.
(3) ID., *ibid.*, p. 479.

à peu en désuétude, mais les greniers publics furent rétablis après la disette de 1749 sur les mêmes principes. Ce fut le roi Stanislas qui fit avance des premières sommes nécessaires. En 1770, il y avait encore dix-huit magasins publics dans les diverses villes de Lorraine (1).

Quant aux résultats financiers de cette entreprise, nous ne les connaissons pas. Pourtant Béguillet cite cet exemple des greniers publics de Lorraine comme une organisation modèle.

Marseille eut une administration du même genre : son « bureau d'abondance » remontait à la fin du XVIIe siècle. Après une courte interruption provoquée par la peste de 1720, il fut rétabli en 1723 par un arrêt du Conseil. Il était composé de quatre échevins et de huit marchands ; il devait entretenir des magasins de réserve, contenant douze à quinze mille charges de blé.

L'entretien et le renouvellement de ces réserves coûtaient fort cher et ne présentaient aucune utilité, car le commerce des grains était plus développé à Marseille que dans les autres villes. En 1745, le bureau d'abondance avait déjà 1.100.000 livres de dettes, lorsque l'intendant De la Tour de Gléné eut l'heureuse idée de le supprimer et d'entreprendre l'amortissement de sa dette. Il fut cependant rétabli en 1772 et subsista jusqu'à la fin de l'ancien régime, en dépit des prescriptions des contrô-

---

(1) BÉGUILLET, *op. cit.*, t. II, pp. 379 à 394.

leurs généraux, Turgot, Joly de Fleury et de Calonne (1).

L'administration des greniers d'abondance de Lyon, que nous nous proposons d'étudier en détail, présente plus d'intérêt que le bureau de Marseille et les autres greniers publics de l'ancien régime. Son existence eut une durée beaucoup plus longue ; elle offre surtout, au point de vue de la vente des blés, des particularités que l'on ne trouve pas ailleurs. Enfin, ses résultats financiers furent tellement déplorables que l'insuccès de cette administration aurait dû convaincre tout le monde des avantages que présente l'approvisionnement des villes par le commerce seul et par le commerce libre.

L'exemple des greniers d'abondance de Lyon, corroboré par celui du bureau d'abondance de Marseille, justifie donc pleinement les théories des physiocrates sur les avantages de la liberté du commerce des grains. Ces théories ne furent cependant pas immédiatement reconnues avec toute l'autorité qu'elles ont aujourd'hui ; et la preuve en est que d'autres expériences furent tentées même à la suite de l'insuccès obtenu à Marseille et à Lyon. L'une de ces tentatives comportait un projet de greniers d'abondance qui devaient être créés dans toute la France, et ce fut le rêve de la Convention. Le décret du 9 août 1793 prévoyait ainsi, dans chaque arrondissement ou district, l'établissement d'un grenier

---

(1) AFANASSIEV, *Le Commerce des céréales en France au XVIIIe siècle*, Paris, 1894, pp. 406-408.

d'abondance, en vue de prévenir les disettes ; l'approvisionnement devait être fait partie au moyen d'acquisitions ordinaires et partie au moyen de versements de grains effectués par les citoyens en acquit de leurs contributions. Cette institution, disait-on, devait déjouer les complots que les ennemis coalisés de la République avaient formés d'affamer la ville de Paris au milieu des plus abondantes récoltes. Le projet, voté sur le rapport de Barère, motiva plusieurs décrets ; cependant cette administration, pour laquelle on devait mettre cent millions à la disposition du Conseil exécutif, ne fut jamais complètement instituée, à cause des difficultés de ces temps politiques ; le projet reçut à peine un commencement d'exécution dans quelques districts, et tout fut bientôt abandonné.

Un autre essai fut tenté sous le Consulat ; mais il était beaucoup moins grandiose que celui de la Convention. Issu d'un arrêt des consuls du 19 vendémiaire an X (1), ce système comportait des réserves de farine que les boulangers de Paris auraient faites dans un dépôt public ; en échange du monopole de fabrication du pain qu'on leur concédait, le gouvernement les aurait obligés à déposer sous la garde de la ville chacun 15 sacs de farine et à conserver chez eux un approvisionnement qui aurait varié suivant l'importance de leur boutique. Ce dépôt fut fait quelques années plus tard dans les greniers de réserve, dont la construction avait été ordonnée

---

(1) Dalloz, *Jurisprudence générale*, v. *Boulangerie*, t. VI, p. 385.

en 1807. Ces greniers, appelés vulgairement « greniers d'abondance », et situés à Paris près de l'Arsenal, furent détruits en 1871.

Le décret du 22 juin 1863 sur la liberté du commerce de la boulangerie venait alors de les rendre inutiles. Cette législation, qui imposait aux boulangers des dépôts sous la surveillance de la ville, n'avait d'ailleurs qu'un rapport assez lointain avec une administration de greniers d'abondance, telle qu'on la concevait sous l'ancien régime ; elle avait surtout le très grand mérite relatif de ne pas entraver la liberté du commerce des grains, et si elle ne présentait pas une utilité manifeste, du moins n'avait-elle pas de conséquences fâcheuses pour les finances de la ville. Cependant, les frais de manipulation et de conservation et les pertes d'intérêts étaient pour les boulangers des charges qui entraînaient une augmentation inévitable du prix du pain, et le moins qu'on puisse dire, c'est que cette intervention de l'autorité publique était superflue.

Depuis lors, et dans la plupart des Etats civilisés, les autorités administratives ont complètement abandonné l'entretien des réserves permanentes : le commerce libre est seul chargé d'assurer l'approvisionnement complet. A vrai dire, il remplit ce rôle beaucoup mieux que ne le ferait une administration. Il suffit pour s'en convaincre de constater que dans les villes où ces approvisionnements de réserve ont été entretenus, les fluctuations du prix des grains ont à peine été moins sensibles qu'ailleurs.

Au contraire, le commerce actuel a obtenu une

stabilité relative des cours que nos ancêtres n'ont jamais connue. Cette comparaison est entièrement favorable au régime actuel du commerce des blés. La spéculation elle-même, qui permet plusieurs ventes successives de cette denrée par le simple endossement d'un titre, sans déplacement de la marchandise, est l'un des éléments les plus actifs de cette régularité des cours du blé.

La fixité approximative des cours du blé a d'autres explications. Actuellement on connaît et de façon très rapide les quantités consommables, au moins en stocks visibles, et l'on est renseigné jour par jour sur l'état des récoltes, lesquelles, une fois recueillies, sont disséminées en peu de jours partout où besoin est. On a donc un prix mondial, qui ne varie guère que des écarts des coûts de transport (et droits de douane) et qui, dans les temps aussi, est soustrait aux brusques mouvements des paniques.

Aussi la liberté et la rapidité des transactions internationales, la facilité et le bon marché des transports modernes ont absolument modifié le marché des grains. Cette transformation radicale des conditions économiques a rendu complètement inutile l'entretien par les municipalités de ces réserves permanentes.

Celles-ci n'existent plus de nos jours. La seule exception que l'on puisse en citer aujourd'hui, concerne les approvisionnements de l'autorité militaire en vue des premiers jours d'une mobilisation. Il ne faut pas, d'ailleurs, en exagérer l'importance. Il existe bien, sans doute, dans toutes les manutentions militaires, des provisions de grains qui sont constamment épuisées par la consommation des troupes et renouvelées par des achats directs aux agriculteurs ou aux commerçants ; mais ce ne sont pas des approvisionnements de réserve. Les seuls, auxquels on puisse reconnaître le caractère de réserves permanentes, sont ceux qui sont constitués dès le temps de paix dans certaines places fortes pour servir aux besoins de la garnison et de la population civile en temps de guerre. Sous ce rapport les places fortes sont divisées en deux groupes : pour les unes, dites « de première urgence », les approvisionnements de siège sont en principe constitués au complet dès le temps de paix. Ils représentent les besoins de la garnison de défense pendant la durée présumée du siège, cette durée variant de deux à six mois suivant les places. Ce temps de résistance fixé par le ministre de la guerre est purement conventionnel et sert simplement de base à l'évaluation des besoins. D'ailleurs la composition des réserves ne comprend pour le blé que les deux tiers des besoins prévus et qu'un tiers pour la farine.

Pour les places dites « en deuxième urgence », on se contente d'entretenir en temps de paix une partie seulement des réserves. Encore cette mesure n'est-elle adoptée que dans les corps d'armée les plus voisins de la frontière.

Enfin — et c'est par là que ces approvisionnements

militaires touchent la question des réserves permanentes de grains — l'Etat se charge de la formation et de l'entretien des ressources destinées à la population civile des camps retranchés et des forts (1). Les réserves sont créées dans la limite des crédits législatifs mis à la disposition du ministre de la guerre ; elles ne comprennent que des blés et des farines dont le stock ne doit pas excéder les besoins de deux mois.

Ces approvisionnements de réserve ne présentent donc qu'une importance relative ; ils ne dispenseraient pas le corps de l'intendance de compléter les ressources alimentaires avant l'investissement de la place. Dès le temps de paix toutes les mesures sont prévues pour compléter ces réserves par des traités amiables, par des contrats éventuels préparés à l'avance, par des achats à caisse ouverte ou même par des réquisitions. En un mot, il existe un plan de ravitaillement préparé en temps de paix et mis à exécution dès les premiers jours de la mobilisation (2).

Ces réserves ne peuvent donc rappeler que de loin les greniers d'abondance d'autrefois. Elles ne sont point faites pour corriger l'effet de l'inégalité des récoltes ; entretenues pour une éventualité spéciale, elles sont simplement destinées à assurer l'alimentation des places fortes qu'un investissement aurait privées des communications avec le pays. Elles ne

---

(1) Loi du 1ᵉʳ février 1892.
(2) Cf. *Aide-mémoire de l'officier d'administration et de l'officier d'approvisionnement en campagne.* Paris, Charles LAVAUZELLE, 1895, pp. 300 à 307.

présentent donc nullement le caractère purement économique qui distinguait les greniers d'abondance.

Parmi les institutions de ce genre créées en France sous l'ancien régime, celle des greniers d'abondance de Lyon est l'une des plus intéressantes. En l'étudiant, nous nous proposons de rechercher quels en furent les résultats pratiques pour l'alimentation du public et pour les finances de la ville ; nous verrons si la longue expérience entreprise à Lyon ne confirme pas pleinement les théories soutenues par les économistes d'aujourd'hui sur la liberté des approvisionnements.

La Chambre d'abondance de la ville de Lyon n'ayant guère attiré sur elle l'attention des historiens lyonnais, nous avons dû recourir aux documents inédits des archives municipales. Leur classement entrepris à la fin du XVIIIe siècle par un ancien échevin, Chappe, a facilité notre travail ; leur richesse nous a permis de longues recherches dans les registres des actes consulaires, dans les délibérations de la « Chambre d'abondance » et dans ses registres de comptabilité, auxquels sont jointes de très nombreuses pièces justificatives.

Qu'il nous soit permis de remercier MM. Rochex, archiviste en chef de la ville de Lyon, et Boulieu, sous-archiviste, qui nous ont aidé si gracieusement de leurs conseils pour guider nos investigations.

Nous serions heureux si ce modeste travail pouvait contribuer à combler une des lacunes de l'histoire économique de la ville de Lyon. La Chambre d'abondance mérite en effet d'être mieux connue qu'elle ne l'est ; elle nous intéresse non seulement comme toutes les anciennes institutions lyonnaises, mais aussi, à un point de vue plus général, comme une expérience d'approvisionnement d'une grande ville par l'autorité municipale. Ses résultats financiers sont donc un argument de plus pour combattre l'intervention des pouvoirs publics en cette matière et pour confirmer les avantages de la liberté complète du commerce.

Pour montrer sous son véritable aspect cette administration qui subsista pendant près d'un siècle et demi, nous nous proposons de rappeler d'abord ses origines lointaines et sa création comme établissement perpétuel et d'indiquer les transformations que les autorités locales lui firent subir, afin de la rendre plus apte à remplir la mission qu'on lui avait confiée ; puis nous étudierons les détails de son fonctionnement en suivant une à une les opérations auxquelles elle procédait ; enfin, nous examinerons quels ont été les résultats heureux ou malheureux de cette institution et nous verrons que, si les pouvoirs publics, découragés par l'inutilité de leurs efforts, décidèrent finalement la suppression de l'Abondance, ce ne fut qu'après en avoir mûrement réfléchi et consciencieusement pesé les avantages et les inconvénients.

Nous avons essayé d'écrire cette monographie

« avec le souci de l'objectivité et avec l'appareil critique indispensable » que réclamait M. S. Charléty, ancien professeur d'histoire à l'Université de Lyon, en parlant du dépouillement méthodique des dépôts d'archives (1).

Nous nous sommes efforcé, avant d'entreprendre cette étude, de laisser de côté toute idée préconçue sur l'utilité plus ou moins grande des greniers d'abondance pour ne les juger que d'après leurs résultats.

Cela seul est déjà une tâche souvent difficile, car l'on est trop fréquemment porté à comparer les phénomènes économiques d'autrefois avec ceux d'aujourd'hui ; on oublie trop que les circonstances ont totalement changé et que, de nos jours, la vie économique, avec la rapidité des transports, la liberté des échanges et la puissance de l'association, est bien différente de celle d'autrefois. Les conditions du marché ne sont plus les mêmes, et telle mesure, qui nous paraît anormale aujourd'hui, pouvait peut-être se justifier sous un régime où la liberté du commerce était à peine conçue.

Bien que l'inutilité des greniers d'abondance soit actuellement bien démontrée, ne serait-il pas exact qu'ils aient présenté autrefois quelques avantages ? Nous rechercherons donc spécialement si l'expérience tentée à Lyon n'a pas procuré aux habitants quelques faveurs particulières, en autorisant d'une manière provisoire une baisse factice du pain.

---

(1) *Revue d'Histoire de Lyon*, 1902, t. I, pp. 10 et 11.

En un mot, nous essayerons de peser sans parti pris les avantages et les inconvénients de ces approvisionnements permanents, pour juger la Chambre d'abondance uniquement d'après les résultats.

CHAPITRE PREMIER

Les origines et la fondation de la Chambre d'abondance.

Section première. — Origines.

Pendant tout le cours du XVIe siècle, l'autorité municipale de la ville de Lyon, qui était alors confiée à un Consulat composé de douze conseillers de ville, recourut, à plusieurs reprises, au système des approvisionnements accidentels, pour remédier à l'enchérissement des céréales. La faible quantité des grains amenés sur les marchés de la ville pendant les disettes causait fréquemment des écarts de prix considérables : le peuple affamé croyait à des accaparements et s'en prenait à ceux qu'il soupçonnait d'en pratiquer. Pour déjouer les calculs de ces prétendus accapareurs, qui existaient dans l'imagination de la foule beaucoup plus que dans la réalité des choses, le Consulat s'efforçait de tenir les marchés constamment pourvus de grains. Trois procédés s'offraient à lui pour atteindre ce but ; il pouvait ou bien faire acheter à son compte une certaine quantité de blé qu'il faisait vendre immédiatement, ou bien attirer les cultivateurs en leur promettant une prime proportionnelle à la quantité de blé qu'ils apporteraient, ou bien enfin constituer en temps normal des réserves qu'il se proposerait, pour plus tard, de jeter sur les marchés dans les périodes d'enchérissement.

Il eut successivement recours à chacun de ces procédés, en accordant toutefois la préférence au système des achats directs pour le compte de la ville. Chaque fois que la récolte était mauvaise, il faisait acheter en Bourgogne des blés qu'il revendait peu à peu sur les marchés de Lyon. En 1529, une émeute se produisit devant le grenier de la place des Carmes, qui contenait les blés de la ville, et la populace affamée mit le grenier au pillage (1).

D'autres approvisionnements accidentels furent faits par le Consulat en 1556 (2) et en 1573. C'est ainsi qu'en imposant de lourds sacrifices aux finances de la ville, il put en 1573 « livrer à 3 livres le bichet (3) qui valait au marché 4 livres 12 sols (4) ».

---

(1) Pour plus de détails, voir l'intéressante étude de M. G. GUIGUE, sur la « rebeine » de 1529, dans sa *Bibliothèque historique du Lyonnais*, t. I, pp. 233 à 296.

(2) CLERJON, *Histoire de Lyon*, t. V, pp. 75-79. — Cf. également Arch. mun., GG. Inv. Chappe, IV, 381-409.

Sauf indication contraire, tous les documents que nous citons dans cette étude ont été pris aux Archives municipales de Lyon. Nous avons plus particulièrement mis à contribution les séries AA. (Correspondance officielle), BB. (Actes consulaires), GG. (Approvisionnement).

(3) La contenance du bichet, mesure lyonnaise de grains, peut être fixée entre 34 litres 266 et 34 litres 277 ; l'ânée, autre mesure de grains, était composée de six bichets, soit environ 205 litres 600. Arch. mun., FF. Inv. Chappe, V, 364, n° 2, f°s 50 à 54.

Toutefois, M. le vicomte d'Avenel donne pour l'ânée de Lyon une contenance tantôt de 192 litres, tantôt de 183 litres 37, ce qui réduirait la contenance du bichet à 32 litres ou à 31 litres 06.(*Histoire économique de la propriété, des salaires*, t. II, pp. 584 et 622.)

(4) Emmanuel VINGTRINIER, *La vie lyonnaise*, p. 108.

A la même époque, il mit également en usage le système des subventions, en promettant une prime de 2 sols par bichet aux cultivateurs qui apporteraient du blé aux marchés (1) ; le même procédé fut employé en 1586 et le Consulat paya une prime de 2 sols pour chaque bichet de seigle (2).

Ces deux procédés ne furent pas jugés suffisants pour assurer un prix raisonnable. A la fin du siècle le Consulat envisagea la solution du grenier public permanent, comme la recommandait l'ordonnance de février 1567. C'est en 1580 que cette intention se manifeste pour la première fois, et on la trouve dans une délibération du 7 janvier 1580, ainsi conçue : « Parce que l'on vient souvent a une disette et necessite de blez, pour y remedier a ladvenir, a este aussi resolu de faire ung grenier commung en ladite ville qui sera toujours entretenu et renouvelle. Et a ces fins seront priez tous les ordres et etats de ladite ville et les habitants du plat pays pour contribuer a une sy bonne et saincte entreprise (3). » D'ailleurs le projet ne reçut aucune exécution immédiate ; dès que la cherté des grains eut disparu, on ne pensa plus à faire des réserves pour l'avenir.

Peu à peu, cependant, l'idée du grenier public trouvait de nouveaux partisans : il semblait que l'approvisionnement devait être contrôlé et même, au besoin, procuré par le corps municipal.

---

(1) DE RUBYS, *Histoire de Lyon*, p. 423.
(2) HH. Chappe, IV, 427.
(3) BB. 105, f° 6.

§ I. *Expérience de 1586.* — Une nouvelle période de cherté s'étant fait sentir en 1586, le Consulat convoqua les notables de la ville de Lyon en vue de prendre les mesures nécessaires pour éviter de pareilles calamités. L'assemblée, réunie à l'Hôtel de Ville le 13 mai 1586, écouta les propositions du gouverneur de la province, Mandelot, et les ratifia. On nomma « six notables bourgeois de ladite ville, gens de bien et de qualité, bien zélés et affectionnés au bien du public, qui auraient la charge de faire acheter à cette prochaine cueillette certaine quantité de blés qui sera par eux gardée dans les greniers de cette ville pour subvenir en cas de nécessité aux habitants d'icelle, lesquels députés auraient qualité d'intendants sur l'Abondance de ladite ville » (1).

On résolut de faire acheter les blés ailleurs qu'en Bourgogne, « afin de ne lever les occasions et moyens aux marchands bladiers de cette ville de faire trafic et négociation ainsi qu'ils ont accoutumé d'acheter aux pays de Bourgogne et Bassigny pour les conduire en cette ville, ni en Dombes parce que les bourgeois ont accoutumé d'y faire leurs provisions de blé » (2). Les fonds nécessaires à l'achat de ces réserves devaient être fournis par le Consulat et par les six intendants ; ils auraient été remboursés par les sommes provenant de la vente des blés avant la récolte suivante. Par la même occasion, le Consulat, usant de ses pouvoirs de police, interdisait à tous les

---

(1) BB. 117, f° 139.
(2) BB. 117, f° 140.

particuliers de s'immiscer dans le commerce du blé et enjoignait à tous les habitants de faire leurs provisions pour eux et leur maison sitôt après la récolte (1).

Dans l'esprit des notables assemblés pour décider la fondation de l'Abondance, il était entendu que cette nouvelle administration, destinée à prévenir le retour des disettes, allait être permanente ; ils avaient même organisé cette perpétuité en décidant le renouvellement annuel de la moitié des intendants. Leurs vœux sur la perpétuité de l'Abondance ne devaient pourtant se réaliser qu'un dèmi-siècle plus tard ; en effet, dès que la crise fut passée et le blé revenu à un cours normal, le Consulat ne songea plus à remplacer les intendants qui sortaient de charge et l'institution fut promptement abandonnée. Semblable à toute cette législation du commerce des blés que l'ancien régime appliquait dans toute sa rigueur pendant les périodes où les grains étaient chers, pour la laisser tomber dans l'oubli dès que le danger était passé, l'Abondance de Lyon ne fonctionnait qu'aux époques où l'approvisionnement de la ville inspirait des craintes sérieuses.

Ce premier essai de l'Abondance se borna donc à acheter accidentellement des grains pendant une disette. La tentative ne fut pas renouvelée et, durant plus de quarante ans, le commerce assura seul la subsistance de la ville, sans intervention directe du Consulat. Il fallait attendre une nouvelle crise pour

---

(1) BB. 117, f° 144.

que la ville eût à regretter de ne pas avoir de réserves permanentes. L'occasion lui en fut donnée par la disette de 1630.

§ II. *Expérience de* 1630. — La récolte ayant été mauvaise et l'approvisionnement étant devenu difficile, Monseigneur d'Halincourt, gouverneur et lieutenant général pour le Roi en la ville de Lyon, pays de Lyonnais, Forez et Beaujolais, convoqua une assemblée de notables. L'intendant Amelot, seigneur de Chaillon, le prévôt des marchands, Mathieu Sève, les quatre échevins, les représentants du clergé, de la justice, des finances, de l'élection, des juges de la police et plusieurs ex-consuls et bourgeois y furent invités. L'assemblée se réunit à l'hôtel du gouverneur le mardi 30 juillet 1630, et adopta toutes les propositions qui lui furent faites ; elle nomma, mais pour un an seulement, huit « directeurs et intendants sur le faict de l'abondance (1) » et mit en vigueur des règlements que nous étudierons lors de la véritable fondation de la Chambre d'abondance comme établissement perpétuel.

Tandis que quelques documents seulement nous sont parvenus sur l'essai de 1586, nous possédons des renseignements très complets sur les opérations effectuées par les directeurs de 1630. Le registre « du bureau de la direction de l'Abondance (2) » conservé aux archives municipales contient, en effet, toutes

---

(1) BB. 178, f°s 192 à 204.
(2) GG. Chappe, IV, 538, n° 49.

les délibérations prises par ce bureau, du 31 juillet 1630 jusqu'au 26 novembre 1631. Les intendants remplirent avec beaucoup de zèle la fonction qui leur avait été confiée par l'assemblée des notables, se réunissant au début plusieurs fois par semaine et se décidant même à « aller chacun en divers endroits, même à Orléans, en Beauce, Languedoc, Provence pour exciter les marchands d'amener des blés en cette ville » (1).

Ils demandèrent au roi Louis XIII, qui se trouvait alors à Lyon, de leur octroyer un passeport. Ce passeport leur fut accordé sous forme de lettres patentes homologuant la création de l'Abondance ; elles conféraient à ses directeurs « la permission d'acheter la quantité de blé qu'ils voudront dans toutes les provinces du royaume et même hors d'icelui (2) » et défendaient d'arrêter les blés destinés à Lyon. Ces défenses n'étaient point superflues. On connaît toutes les entraves apportées à la circulation des grains de région à région ; gouverneurs, intendants ou parlements se plaisaient à interdire toute sortie de blés hors de leur province.

C'est ainsi que les directeurs de l'Abondance eurent à se plaindre d'un arrêt du parlement de Toulouse et d'une résolution de l'assemblée générale du tiers état du bas pays d'Auvergne tenue à Clermont les 25 et 26 août, résolution confirmée par les officiers du présidial de Riom (3) ; leur requête,

---

(1) GG. Chappe, IV, 538, n° 49, 1ᵉʳ août 1630.
(2) Lettres patentes du 11 août 1630. BB. 178, f° 215.
(3) GG. Chappe, IV, 538, n° 49.

présentée au roi, leur fit obtenir un arrêt du Conseil d'Etat « renouvelant le passeport concédé par les lettres patentes et faisant défense d'arrêter les blés à peine de punition corporelle et de trois mille livres d'amende contre chacun des contrevenants » (1).

A travers ces difficultés, la direction de l'Abondance parvint à acheter environ 1.500 ânées de froment ou de seigle, mais ces opérations n'empêchèrent pas complètement la hausse des cours ; le froment de qualité moyenne valut au marché de la Grenette 6 livres 15 s. en août 1630 et jusqu'à 7 livres 8 s. en mars 1631 (2). De ces blés achetés par l'Abondance, les premiers furent vendus directement au marché, les autres, conservés trop longtemps dans divers greniers loués par elle, furent « vendus et distribués à tous les boulangers de cette ville à raison de ce qu'ils avaient coûté (3) » ; on leur permit, en conséquence, de vendre le pain à proportion du prix de six livres le bichet. L'ordonnance des juges de police retardait ainsi de douze jours la diminution du prix du pain qui aurait dû suivre la baisse des cours du blé à la Grenette (4). Dès qu'ils se virent déchargés des grains qu'ils avaient achetés, les directeurs de l'Abondance crurent leur mission terminée. Ils ne se réunirent plus qu'une

---

(1) Arrêt du Conseil d'Etat du roi du 13 septembre 1630. GG. Chappe, IV, 538, n° 49.
(2) BB. 179, f° 94.
(3) GG. Chappe, IV, 538, n° 49.
(4) Ordonnance des juges de la police du 15 mai 1631. GG. Chappe, IV, 538, n° 49.

fois. Ils se séparèrent même sans prendre le soin de liquider leurs comptes ; le trésorier Claude Descouleur s'en chargea seul et présenta trois ans plus tard au Consulat les résultats de leur gestion, qui se soldait par la perte d'une somme de 1.398 livres due par des boulangers insolvables (1).

La Chambre d'abondance de 1630 s'était donc bornée à effectuer un approvisionnement accidentel, elle n'avait pas mis en pratique le système des réserves permanentes. Une nouvelle expérience fut tentée six ans plus tard ; et comme d'habitude, ce fut la cherté des grains qui la provoqua.

§ III. *Expérience de* 1636. — Dès le mois de juin 1635, les habitants se plaignirent au Consulat qu'on sortait de la ville une grande quantité de blés. Ces plaintes suscitèrent deux démarches successives du Consulat auprès du gouverneur de la province pour le supplier « de ne plus bailler permission d'en sortir » (2).

Monseigneur d'Halincourt promit de satisfaire ce vœu : mais il ne tint pas sa promesse bien longtemps et l'on dut renouveler la même requête au mois d'août (3). D'ailleurs, pour assurer la subsistance de la ville, il ne suffisait pas d'édicter des défenses de ce genre. Le Consulat recourut donc à l'expédient déjà adopté en 1586 et en 1630 et résolut, après en avoir

---

(1) BB. 185, f° 185.
(2) Délib. du 12 juin 1635. BB. 188, f° 88.
(3) Délib. du 30 août 1635. BB. 188, f° 132.

conféré avec le gouverneur et plusieurs habitants de la ville, « de tenir, en cette occurrence, les ordres ci-devant établis en pareille occasion, savoir de nommer quelques-uns des principaux habitants pour exercer l'intendance et direction de l'Abondance en cette ville » (1). Les vingt directeurs nommés se partagèrent le travail, les uns se déplaçant dans les provinces voisines, les autres usant de leur influence pour obtenir des passeports du premier président de la Cour du parlement de Bourgogne, d'autres enfin se contentant d'écrire à des correspondants pour faire acheter de grandes quantités de blé. Tous enfin fournirent en plusieurs fois une somme de 5.500 livres.

Les intendants trouvèrent sans doute que la tâche était lourde, car ils firent observer que leur nomination avait été faite sans indication de la durée du mandat qu'on leur confiait. Le Consulat s'empressa de faire droit à leurs réclamations et arrêta « qu'au jour de la fête de saint Michel de l'année prochaine 1637 (29 septembre), leur dite commission cessera, sauf à subroger autres en leurs lieu et place, s'il y échéait » (2).

Lorsque cette époque arriva, cette transmission des pouvoirs à de nouveaux directeurs fut une source de difficultés. Tout d'abord, le Consulat eut de la peine à trouver des bourgeois de bonne volonté qui voulussent bien se charger de ce rôle ; il fallut, en effet, trois délibérations successives pour remplacer

---

(1) Délib. du 14 août 1636. BB. 189, f° 126.
(2) Délib. du 21 octobre 1636. BB. 189, f° 167.

les anciens directeurs (1). Il y eut, en outre, de graves discussions au sujet du remboursement aux anciens intendants des avances qu'ils avaient faites. Les membres sortants voulaient être intégralement payés; ils prétendaient ne subir aucune perte. Au contraire, leurs successeurs voulaient entrer en possession des blés emmagasinés en les payant au prix courant du marché. L'examen minutieux des comptes et l'évaluation des stocks en magasin démontraient en effet que leur prix de revient dépassait sensiblement le cours du blé. Les nouveaux directeurs craignaient de subir eux-mêmes les pertes provenant de ces différences de prix. Leurs craintes étaient d'autant plus justifiées que le Consulat leur enjoignait de distribuer aux boulangers 1.000 à 1.200 ânées de blé au prix de 55 sols le bichet (soit 16 livres 10 sols l'ânée), tandis que le prix d'achat aux anciens directeurs était de 16 livres 13 sols (2).

Les difficultés ne cessèrent que deux mois plus tard, lorsque le Consulat eut garanti les nouveaux directeurs contre toutes les pertes passées et futures (3). Ceux-ci, au nombre de seize, se décidèrent

---

(1) Délib. des 20 août, 5 novembre et 1er décembre 1637. BB. 191, fos 168, 192 et 205.

(2) Délib. du 29 décembre 1637. BB. 191, f° 226, et délibération de la Chambre d'abondance, 2 janvier 1638, GG. Chappe, IV, 538, n° 49.

(3) Délibération du Consulat du 15 mars 1638. BB. 192, f° 49 : « a ordonné que les nouveaux intendants paieront et rembourseront aux anciens la dite somme de 58.355 livres 10 sols et qu'en fin de la commission des nouveaux intendants, au cas qu'il y ait de la perte sur les blés pour quelque cause que ce soit, qu'ils seront indemnisés par le Consulat... »

alors à acquérir les blés renfermés dans les greniers et à rembourser leurs prédécesseurs en se partageant également les avances à fournir. Leur rôle ne fut pas d'ailleurs très important : ils se bornèrent à revendre l'ancien stock et ne firent pas de nouvel achat, parce que toute crainte de disette était dissipée. Leurs assemblées, à en juger du moins par le registre de leurs délibérations, ne furent pas fréquentes ; ils se séparèrent, comme leurs devanciers de 1630, sans s'occuper de la liquidation de leurs comptes. Le trésorier n'oublia cependant pas de se faire rembourser par le receveur de la ville les pertes qu'il avait éprouvées (1).

Il faut encore signaler pendant cette expérience de 1636-1638 un incident qui modifia par la suite la procédure de la distribution des blés de l'Abondance. Pour éviter que l'administration n'éprouvât des pertes trop considérables, les règlements adoptés par l'assemblée des notables de 1630 et remis en vigueur en 1636 conféraient aux directeurs le pouvoir d'obliger tous les boulangers de la ville à prendre les blés de l'Abondance au prix fixé par eux. C'est ainsi qu'à leur requête, au mois de mai 1637, les juges de la police rendirent une sentence fixant entre les boulangers la répartition de 2.000 ânées de blé (2). Mais les boulangers, se souciant fort peu de payer le blé plus cher qu'il ne valait alors, n'exécutè-

---

(1) Délib. du 14 avril 1639 : Mandement de 5.659 livres 17 sols 1 denier. BB. 193, f° 90.
(2) GG. Chappe, IV, 538, n° 49.

rent pas cet ordre ; bien plus, ils formèrent un pourvoi devant la sénéchaussée, « où ils obtinrent défense de les faire contraindre à prendre des bleds de l'Abondance selon ce qui avait été ordonné par les sieurs juges de la police, sinon aux conditions portées par leur requête tendant à ce que visite nouvelle soit faicte des bleds étant ès greniers de l'Abondance et qu'il soit fait nouveau répartement pour la débite desdits blés aux dits boulangers » (1). Quelques-uns d'entre eux employaient, il est vrai, la calomnie pour critiquer la qualité des blés que leur délivrait l'Abondance et pour exiger la visite de ces grains ; l'un d'eux alla même jusqu'à corrompre par artifice un pain pour le montrer au peuple disant qu'il était fait du blé de l'Abondance. Naturellement le pain fut saisi, on découvrit la fraude et le Consulat décida de poursuivre l'imposteur (2), mais nous ignorons comment les poursuites se terminèrent.

Le Consulat venait à trois reprises différentes de nommer une commission de notables et de bourgeois pour veiller aux approvisionnements de la ville pendant les années de disette ; chaque fois la Chambre d'abondance avait accompli la première partie de sa mission en procédant à des achats de blé qu'elle livrait au cours de la disette. Elle n'avait jamais formé de réserves sur lesquelles la ville pût compter au moment d'une nouvelle période de cherté des

---

(1) Délibération de la Chambre d'abondance, 25 janvier 1638. GG. Chappe, IV, 538, n° 49.
(2) Assemblée des Notables du 3 juillet 1637. BB. 191, f°s 141-142.

grains. En somme, ces trois tentatives d'établissement à Lyon d'une Chambre d'abondance n'avaient abouti qu'à mettre en pratique le système des approvisionnements accidentels. Ces essais provisoires de 1586, de 1630 et de 1636 révèlent bien cependant les origines lointaines de la Chambre d'abondance de Lyon. C'est le gouverneur, Monseigneur Mandelot, qui en avait pris l'initiative dès le premier instant : il avait compris que cette institution devait être permanente, si l'on voulait qu'elle rendît les services qu'on en attendait ; mais l'administration de 1586 n'eut pas assez de persévérance, et la fondation définitive de la Chambre d'abondance fut retardée jusqu'en 1643.

Section II. — **Fondation de la Chambre d'abondance.**

§ I. *L'assemblée du 31 août 1643.* — Cette question de la perpétuité de l'Abondance fut soumise aux délibérations des notables, convoqués lors de la disette de 1643 pour en voter le rétablissement. Cette assemblée se tint le 31 août 1643 en l'hôtel de Mgr l'abbé d'Ainay, où résidait le gouverneur, le marquis de Villeroy. L'intendant, le prévôt des marchands et les quatre échevins, deux officiers de l'élection, deux juges de la police, le président et le lieutenant général en la sénéchaussée et siège présidial et divers conseillers et procureurs du roi s'y rendirent ; on avait, en outre, convoqué environ 200 ex-consuls, bourgeois et représentants des nations étrangères ; mais les vacances en ayant retenu le plus grand nombre à la campagne, il n'y eut que 24 ex-consuls ou bourgeois qui assistèrent à l'assemblée.

Le gouverneur exposa la situation critique où se trouvait la ville à la suite d'une mauvaise récolte ; il rappela les efforts tentés autrefois par les directeurs de l'Abondance en pareille occasion et demanda aux assistants d'exprimer leur avis sur la meilleure manière de remédier à la disette. Le prévôt des marchands, Alexandre Mascranny, ajouta « qu'il serait à propos de délibérer si on pourvoira à la dite abondance à perpétuité ou pour un certain temps, que l'établissement pour toujours est le vrai moyen d'empêcher les arrisquements et, venant abondance, de faire provision de blé à bon marché, moyennant laquelle cette ville sera toujours exempte de disette » (1). Puis il donna lecture des règlements appliqués en 1630. Cet avis, favorable à l'institution permanente de l'Abondance, ne rencontra que deux opposants. L'un d'eux, le sieur Lorin, procureur du roi au siège présidial, ne pensait pas « que ledit établissement dût être fait à perpétuité » (2). Il ajoutait qu'il serait facile de le continuer, s'il était reconnu nécessaire. L'autre, le sieur Ferrus, objectait avec quelques raisons « que quand les blés étaient chers, il n'échéait de faire des directeurs de l'Abondance, que cela ne produirait à présent que plus grande

---

(1) GG. Chappe, IV, 538, n° 49.
(2) GG. Chappe, IV, 538, n° 49.

cherté, partant, qu'il croyait qu'il faudrait différer cet établissement jusques à ce que le blé fût à bon marché » (1).

Son raisonnement était juste ; seul de toute l'assemblée, il comprenait que les directeurs de l'Abondance, en provoquant un accroissement dans la demande des blés, allaient causer une hausse des prix : mais il oubliait par contre que les directeurs feraient une partie de leurs achats dans les provinces que les marchands de Lyon ne parcouraient pas d'habitude, et que, avant de constituer des réserves à la fin de la disette, ils se contenteraient d'alimenter les boutiques des boulangers, sans essayer de remplir des greniers dans un but de prévoyance : ils ne penseraient que plus tard à former des réserves. Toutefois, aussi à ce moment-là sans doute, la continuation de leurs achats devait provoquer la hausse des cours ou tout au moins en retarder la baisse.

D'ailleurs les notables ne s'arrêtèrent pas à l'objection de Ferrus. Après avoir écouté un long discours de l'intendant, M. de Faucon, seigneur de Ris, dans lequel il rappela les bienfaits de l'administration romaine de l'annone, l'assemblée adopta toutes les propositions du Consulat et décida la fondation de l'Abondance comme établissement perpétuel. Elle remit en vigueur les règlements de 1630 et nomma huit bourgeois qui prirent le titre officiel d'intendants et directeurs de l'Abondance de la ville de Lyon. Comme en 1630, le roi délivra au mois de décem-

---

(1) GG. Chappe, IV, 538, n° 49.

bre 1643 des lettres patentes approuvant cet établissement et homologuant les règlements qui devaient en assurer le fonctionnement (1).

C'est de cette assemblée du 31 août 1643 que date la véritable fondation de la Chambre d'abondance. Tandis que les premières expériences avaient été seulement provisoires, l'institution de 1643 fut durable : ses fondateurs l'imaginaient perpétuelle : elle eut au moins une longue existence, dont nous allons parcourir les principales étapes.

§ II. *Les règlements de la Compagnie de l'abondance.* — Avant de signaler les transformations que l'Abondance eut à subir et avant d'étudier soit ses opérations, soit ses résultats pratiques, il convient de citer le texte intégral des règlements adoptés par l'assemblée de 1643. Ceux-ci sont d'ailleurs presque identiques à ceux de 1630. On y reconnaît même sans peine l'inspiration des anciens règlements appliqués en 1586 ; car, si le texte a été quelque peu modifié, les prescriptions en sont presque les mêmes. Ces règlements ont été publiés dans une petite brochure imprimée en 1667, dont il reste quelques exemplaires soit aux archives municipales (2), soit aux archives nationales (3), soit à la bibliothèque de la ville de Lyon (4).

---

(1) GG., Chappe, IV, 444-445.
(2) GG., Chappe, IV, 445-446.
(3) Archives nationales, G. 7, 1633.
(4) Fonds Coste, n° 350.965.

I. — Que lesdits sieurs Directeurs nommés ne demeureront en charge, sçavoir la moitié que jusques à la Saint Jean prochain, et l'autre moitié jusques à la Saint Jean Baptiste de l'année que l'on comptera 1645, auquel premier terme seront nommés et instalés autres personnes de la qualité requise au lieu et place de ceux qui sortiront, et en sera fait de même audit second terme ; que ceux qui auront exercé jusques à icelui, seront deschargés, et subsequemment d'année en année seront nommés des Directeurs pour exercer chacun deux années au lieu de ceux qui sortiront de charge, demeurans années par années, les anciens pour instruire les nouveaux, ainsi qu'il se pratique en l'Hôtel de Ville, en l'Aumône Générale et en l'Hôtel-Dieu du Pont du Rhône.

II. — Que lesdits Sieurs nommés auront qualité d'Intendans et Directeurs de l'Abondance de ladite Ville, et spéciale charge de faire acheter le plutôt qu'ils pourront telle quantité de bleds et grains qu'ils adviseront, qui sera par eux, leurs Facteurs ou par ceux qu'ils commettront, mise et conservée en des greniers de cette Ville, dont ils garderont les clefs pour en cas de nécessité y avoir recours, et les habitants de cette Ville en être secourus.

III. — Lesquels bleds lesdits sieurs Intendans procureront de faire acheter en Beausse, Sologne, Nivernois, Bourbonnois, Auvergne, Charrolois, Champagne, Bassigny, Provence, Languedoc et autres Païs circonvoisins et partout où ils en pourront trouver, même hors du royaume, et s'il est possible, n'en achèteront en Bourgogne, afin de n'ôter la commodité aux marchands de cette Ville, négocians tant seulement en bleds, d'en faire l'achat ainsi qu'ils ont accoutumé pour le conduire en cette Ville, comme aussi lesdits sieurs Intendans, ni lesdits Marchands ne feront acheter des bleds en ce Gouvernement, au Païs de Dombes, ni à cinq lieues au tour de la Ville, suivant les Règlemens de Police, et Arrêts du Parlement, afin que les citoïens, et autres Habitans de cette Ville y puissent faire leur provision pour leur famille ; ce qu'ils seront exhortés de faire chacun selon sa portée et ses moïens.

IV. — Lequel achat de bled sera fait des deniers qui seront fournis par lesdits sieurs Directeurs de l'Abondance, et le Consulat qui en fournira comme l'un d'eux, et ce des deniers communs, dons, et octrois de cette Ville, dont ils se rembourseront, ensemble des frais et des dépens déboursés avec les intérêts, à raison de l'Ordonnance qui est au denier dix-huit sur le prix de la vente du bled qu'ils y auront acheté, et fait acheter.

V. — Et pour traitter par lesdits sieurs Intendans du fait de leurs Charges, ils s'assembleront, et tiendront Bureau en tel endroit, et tous les jours et heures qu'ils adviseront, et qu'il sera nécessaire, évitant toutefois, tout autant qu'il se pourra, que ce ne soit à la relevée des jours de Mardi et Jeudi, qui sont ordinaires pour le Consulat, auxquelles Assemblées desdits sieurs Intendans se trouveront tous, s'il se peut, et toutefois en l'absence d'un, deux, trois, quatre, les autres ordonneront ce qu'ils verront être à faire, qui sera après ratifié par les absens, ainsi que s'ils eussent été présens.

VI. — Se departiront entre eux les Charges, et commettront personnes qu'ils verront en conscience être propres et capables pour faire les achats et voitures, et autres choses nécessaires pour lesdits bleds, même l'un d'eux sera particulièrement chargé de tenir, ou faire tenir par quelqu'un sous lui, le livre de raison, et autres écritures concernans ledit Negoce.

VII. — Comme aussi éliront l'un d'entre eux pour être Trésorier et faire la recepte et dépense nécessaire, qui pourra pour son soulagement, prendre un homme, afin de tenir sous lui tels livres qu'il conviendra par l'advis et consentement des autres sieurs députés, lesquels accorderont et ordonneront des gages du susdit qui tiendra lesdits livres pour lui être païés et après mis en compte avec les autres frais et avaries desdits Bleds.

VIII. — Et lorsqu'il sera jugé à propos de vendre lesdits bleds achetez de l'ordre desdits sieurs Intendans, par leur advis, et celui desdits sieurs Prévôt des Marchands et Eschevins, iceux dits sieurs Intendans commettront telles personnes qu'ils verront bon être pour débiter lesdits bleds, pour d'iceux se rembourser des sommes qu'ils auront fournies pour l'achapt desdits bleds, avec les intérêts, frais et dépens.

IX. — Estans lesdits bleds vendus par l'advis que dit est, lesdits sieurs Intendans rendront compte, d'année en année, de leur administration, en présence desdits sieurs Prévôt des Marchands et Eschevins.

Et si par la reddition desdits comptes il se trouve qu'il y ait perte sur lesdits bleds, tant pour n'avoir été vendus à si haut prix qu'ils auront été achetés, que pour le déchet et diminution qui pourrait advenir, frais, fournitures, et impenses ; comme aussi s'il advenait (que Dieu ne veuille) aucune perte ou dommage ausdits Grains par naufrage, feu, ou force majeure, lesdits sieurs Prévôt des Marchands et Eschevins seront esdites qualités, tenus d'indemniser lesdits sieurs Intendans, et leur payer et rembourser la perte et dommage incontinent après la reddition dudit compte, à peine de tous dépens dommages et intérêts ; et ce sous obligations de tous et un chacun les biens de ladite Ville et Communauté, présens et advenir, et spécialement de ses dons et octrois qui demeureront affectés ausdits sieurs Intendans pour leurdite indemnité.

X. — Et outre ce pour lesdits risques de naufrage, feu, ou force majeure, sera loisible ausdits sieurs Intendans de se faire asseurer les bleds qu'ils achetteront, à deux, trois, ou quatre pour cent, par terre, plus ou moins, selon l'importance du risque, et par mer, à raison de ce que vaudront telles assurances sur le port, où lesdits bleds se chargeront, jusques au lieu du deschargement, et ce qu'ils payeront pour éviter ledit risque, sera incorporé avec le prix auquel ils auront acheté ledit bled, frais, intérêts, et autres avaries, pour être ledit bled vendu à proportion de ce à quoi il reviendra. Et de plus, si lesdits sieurs Intendans ne trouvent qui leur asseure lesdits bleds, ou ne jugent à propos de se les faire asseurer, et par cette voye surcharger le prix d'iceux, lesdits sieurs Prévôt des Marchands et Eschevins ont consenti qu'ausdits cas de naufrage, feu, ou force majeure tant seulement, les sommes que le Consulat aura advancées ausdits sieurs Intendans, soient particulièrement affectées au dommage qu'à cause desdits trois cas de naufrage, feu, ou force majeure, lesdits sieurs Intendans auront souffert outre l'affectation générale, qu'à cet effet ils auront sur les autres effets de ladite Communauté.

XI. — Comme aussi en cas d'abondance, pour éviter la perte, qu'à cause d'icelle pourroit arriver en la vente desdits bleds achetes par ordre desdits sieurs Intendans, ils seront vendus et debités par preference à tous autres, et les boulangers et autres habitans de ladite Ville, n'en pourront acheter d'autre que celui là ne soit vendu, ainsi seront tenus de le prendre et païer au prix qu'il reviendra ausdits sieurs Intendans, y compris les intérêts, frais, perte, asseurance de risque, et autres avaries.

XII. — Et au surplus pourvoiront lesdits sieurs Intendans à tout ce qu'ils jugeront necessaire pour moïenner en cette dite Ville l'abondance des Grains, et obvier à la disette qu'on a sujet à present d'apréhender ; a quoi ils seront assistés de tous les corps de ladite Ville, même par lesdits sieurs Prévôt des Marchands et Eschevins, toutefois et quantes ils le requerront. Comme encore lesdits Seigneurs Gouverneur, et Intendans de la Justice ont asseuré qu'ils aideroient de leur authorité et pouvoir lesdits sieurs Intendans de l'Abondance, à ce qu'ils puissent exercer deuement les fonctions de leurs charges au bien, soulagement, repos et tranquilité de ladite Ville.

Dont et de ce que dessus a été fait le present Acte.

Signé, de Villeroy, de Faucon, Sève, Mellier, Lorin, Mascranny, Chappuis, Boniel, Lemaître, Pillehotte.

CHAPITRE II

Organisation et direction de la Chambre d'abondance.

Après avoir rappelé les origines lointaines de l'institution que le Consulat avait chargée de maintenir dans la ville des réserves permanentes de blé pour éviter les calamités d'une disette, nous examinerons l'organisation de l'Abondance et nous montrerons les changements successifs apportés à la direction de ce nouveau rouage de l'administration municipale pendant le cours de la longue expérience qu'on en a faite. Parmi ces modifications les unes furent délibérées et arrêtées par le Consulat, les autres naquirent plutôt des circonstances, ou bien peut-être même furent l'œuvre du simple hasard. Les premières ont été précises et brusques, les autres furent plus lentes et l'on n'en eut presque pas conscience. En tout cas, l'ensemble de ces transformations devait donner à l'Abondance au XVIIIe siècle une physionomie fort différente de celle que ses créateurs avaient imaginée. Les changements opérés depuis sa fondation jusqu'à ses derniers jours concernent surtout ses attributions ou plus exactement la manière de les comprendre et les moyens financiers mis à sa disposition ; d'autres modifications plus visibles et plus extérieures portent sur la direction de ce nouvel établissement.

C'est à ce point de vue que nous nous sommes placé pour distinguer trois périodes. Pendant la première qui dure de 1643 à 1694, le Consulat confie cette partie de l'administration communale à huit citoyens fortunés qui prennent le titre d'intendants et directeurs de l'Abondance. La seconde s'étend de 1694 à 1747 ; la même mission est alors confiée à dix citoyens, qui, sous la présidence d'un échevin, composent la Chambre de direction de l'Abondance (1). Enfin, pendant la dernière période, la plus courte, de 1747 à 1777, il n'y a plus de directeurs de l'Abondance, le Consulat charge un échevin de s'occuper seul de cette administration ; en fait, c'est le Consulat qui reprend pour lui-même les attributions qu'il avait confiées pendant plus d'un siècle à une assemblée de huit ou dix membres.

Cette dernière transformation, qu'aucune délibération consulaire ne révèle, a passé, pour ainsi dire, inaperçue ; les rares historiens lyonnais qui ont mentionné l'existence de cette institution, se sont trop facilement imaginés que les règlements de 1643

---

(1) C'est le titre officiel tel qu'il résulte des règlements de 1694 (Arch. mun., BB. 252, f° 26). M. AFANASSIEV (*op. cit.*, p. 488, n° 1) le cite également. Pendant la première période, on l'appelait, soit la Chambre d'abondance, soit le bureau de direction de l'abondance. Aucune de ces appellations ne convient à la troisième période ; nous avons néanmoins conservé le nom de Chambre d'abondance, qui est plus connu ; c'est celui que donne l'inventaire Chappe.

et de 1694 avaient subsisté sans changements jusqu'à la suppression en 1777 (1).

Il peut également paraître superflu de distinguer deux périodes entre 1643 et 1747, le nombre des directeurs n'étant en somme que d'une importance très secondaire : mais, en réalité, il y eut une différence beaucoup plus sérieuse dans les attributions de la Chambre d'abondance et dans les moyens d'action dont elle disposait ; depuis 1694, elle comprit son rôle d'une tout autre manière et rendit pendant cette seconde période des services plus appréciables, mais aussi plus onéreux pour les finances de la ville.

La distinction entre ces trois périodes étant bien établie, examinons comment cette administration fut organisée et comment les directeurs remplirent leur mission. Nous signalerons en même temps les faits principaux qui marquèrent chacune de ces périodes, tout en réservant pour un autre chapitre tout ce qui concerne les opérations proprement dites de l'Abondance, c'est-à-dire l'achat et la revente des blés.

Section première. — **Première Période : 1643-1694.**

L'assemblée du 31 août 1643 avait confié à huit bourgeois notables la charge d'intendants et directeurs de l'Abondance. Leurs fonctions devaient durer deux ans et leur renouvellement par moitié

---

(1) M. Afanassiev (*op. cit.*, p. 408) n'a pas connu cette modification ; Clerjon et Guyaz ne semblent pas l'avoir soupçonnée.

tous les ans était prévu par l'article premier du règlement (1).

C'est le Consulat qui nommait les nouveaux intendants, tantôt de sa propre initiative, tantôt sur la proposition des directeurs eux-mêmes (2). Il procédait à leur remplacement lors de sa première réunion de l'année (3). Les nominations furent faites pendant toute la première période avec une assez grande régularité ; il y eut cependant parfois quelques retards. Ainsi parmi les directeurs nommés en 1643 une moitié devait sortir de charge au 24 juin 1644 et l'autre au 24 juin 1645 ; ces derniers pourtant ne furent remplacés que le 12 mars 1648 (4). Il est vrai que leurs fonctions n'avaient pas été bien absorbantes, puisqu'ils ne s'étaient pas réunis plus d'une fois depuis le 6 mars 1645 (5).

§ I. *Interruption causée par l'émeute de 1653.* — L'assemblée de 1643 n'avait donc pas complète-

---

(1) V. *supra*, p. 55.

(2) Du moins une note trouvée dans la comptabilité de Pierre BALME (c'est-à-dire entre 1707 et 1718) permet de le supposer (GG.Chappe, IV, 460).

(3) Cf. Cérémonial public de l'Hôtel de Ville de Lyon, 1680, publié par la *Revue d'Histoire de Lyon*, 1903, t. II, p. 144.

(4) Délib. consul. 12 mars 1648, BB. 202, f° 74.

(5) Le registre des délibérations du bureau de la direction de l'abondance (GG. Chappe, IV, 538, n° 49) mentionne quatre réunions en 1645, une seule en 1646, le 19 février, et aucune en 1647.

Cette courte interruption en 1646 et 1647 ne saurait être expliquée par la négligence d'un secrétaire qui aurait omis de dresser le procès-verbal des réunions ; elle est d'ailleurs confirmée par une délibération du 14 décembre 1648.

ment atteint son but, puisque, deux ans après sa fondation, l'Abondance subissait une première interruption, analogue à celles qui avaient déjà séparé les expériences précédentes de 1586, de 1630 et de 1636. Les résolutions si précises des notables au sujet de la perpétuité de l'institution avaient été vite oubliées. Aussitôt le péril écarté, on négligeait les précautions que sa crainte avait inspirées. Puis, après cette courte suspension de 1646-1647, l'Abondance fonctionna normalement jusqu'en 1653.

A cette date, on rencontre une nouvelle interruption. Celle-ci fut à la fois plus longue, puisqu'elle dura quatorze ans, et plus grave, parce qu'elle ne fut pas l'effet d'une simple négligence. Elle fut motivée soit par les pertes importantes que la Compagnie de l'Abondance avait subies, soit par une émeute que causèrent les mesures prises par le Consulat. Les pertes provinrent de la baisse de prix très rapide qu'entraîna la belle récolte de 1653 (1). On essaya bien de les atténuer, en ordonnant une distribution de blé aux boulangers avant la baisse, mais ceux-ci protestèrent en vain, disant qu'ils avaient eux-mêmes des approvisionnements à écouler avant la diminution du prix du pain.

Le peuple, de son côté, fit entendre ses doléances, car il ne voulait pas payer son pain le double du prix auquel les cours de la Grenette auraient dû le rame-

---

(1) Le 24 mai 1653, le blé de qualité moyenne se vendait au marché de la Grenette 5 livres 4 sols le bichet ; trois semaines plus tard, le 14 juin, il ne valait plus que 2 livres 15 sols. BB. 207, f° 336.

ner ; il y eut des émeutes, soit à la Grenette au marché du 14 juin, soit « le vendredi vingtième du mois de juin en la grande rue de l'Hôpital, environ vers 4 à 5 heures du soir » (1). La première agitation fut facilement calmée par l'arrestation d'un sieur Varillon, que le peuple avait traité d'accapareur et qui fut condamné par la sénéchaussée « à être mis au carcan apposé en un piloty planté, en la rue de la Grenette et ensuite banni à perpétuité » (2). La seconde fut beaucoup plus grave ; la foule s'ameuta, déclamant contre les directeurs de l'Abondance qui avaient retardé la diminution du prix du pain. Au cours des troubles, un sergent royal, nommé Jean Bureau, fut traité d'accapareur et tué par la foule. Le prévôt des marchands, Dalichoux, averti de l'émeute, arriva trop tard ; il fit opérer quelques arrestations et en particulier celle de la femme Jarrey, « accusée d'avoir, la première, excité ladite émeute et crié que ledit Bureau était un enchérisseur de blé et d'avoir aidé à le tuer » (3). Six jours après, elle fut condamnée par la sénéchaussée « à être pendue à la place de Confort jouxt laquelle elle habitait » et son mari fut banni à perpétuité (4).

Cette émeute, indirectement provoquée par le maintien du prix du pain, en dépit de la baisse survenue sur les grains, coïncidait avec un déficit de

---

(1) BB. 207, f° 254.
(2) BB. 207, f° 261.
(3) BB. 207, f° 265.
(4) BB. 207, f° 268. — Cf. toute la procédure de cette affaire qui fut suivie à la requête du Consulat, GG. Chappe, IV, 450.

plus de 100.000 livres (1) subi par la Chambre d'abondance à cette occasion. Il y en a assez pour expliquer l'interruption dans le service de l'Abondance. Le Consulat, ne voulant pas susciter de nouveaux troubles, se fit remettre les clefs des greniers par les directeurs, nomma un garde-magasin et le chargea de vendre les blés qui restaient encore dans les greniers (2).

Pendant quatorze ans la ville de Lyon fut donc privée de cette administration et, les récoltes ayant été à peu près normales, personne ne se plaignit de cette suppression.

On songea pourtant à la rétablir en 1667 ; mais tandis que, pour tous les essais précédents, c'était la pénurie de grains qui avait fait recourir à ce procédé d'approvisionnement, cette fois-ci ce fut au contraire le bon marché des céréales au moment de la moisson qui suggéra au Consulat l'idée de fonder à nouveau l'Abondance ; on suivait ainsi les conseils du sieur Ferrus, l'un des opposants de l'assemblée de 1643, qui avait proposé d'attendre une bonne récolte pour en conserver l'excédent en vue des années déficitaires. La délibération consulaire du 23 août 1667 est très nette sur ce point : « Lesdits

---

(1) BB. 207, f° 560. Délibération du 30 décembre 1653, « Mandement de 34.319 livres 16 sols 4 d. pour François Savaron, trésorier de l'Abondance... outre celle de 77.000 déjà reçue et ce pour plein et entier paiement de tout ce qui peut être dû tant au sieur Savaron qu'aux autres sieurs intendants et directeurs de ladite Abondance. »

(2) Délib. consul. des 7 janvier et 31 décembre 1654. BB. 208, f°⁸ 51 et 623.

sieurs ayant considéré que la récolte des grains ayant été cette année fort heureuse et abondante tant dans cette province que dans les circonvoisines, il y avait lieu d'attendre de cette fertilité que l'on pourra acheter les blés au plus bas prix (1) que l'on les ait eus depuis longtemps, auraient cru ne pouvoir rien faire dans l'exercice de leurs charges de plus utile et avantageux au public que d'établir présentement un bureau d'abondance pour faire provision de blé pour le service du public (2). »

En conséquence, ils remirent en vigueur les règlements de 1643 et nommèrent le même jour dix directeurs de l'Abondance, au lieu de huit en 1643. Un échevin fut désigné pour présider leurs réunions. L'usage de donner ce rôle de surveillance à l'un des membres du Consulat s'était établi en 1643 : mais, pendant la première année, chaque échevin eut la présidence du bureau pendant un trimestre ; puis on reconnut bientôt les inconvénients de ces changements si fréquents et, dès 1648, le même échevin conservait la présidence pendant toute une année. L'usage fut repris en 1667 et se perpétua pendant toute la durée de la Chambre d'abondance. Le cérémonial public de l'Hôtel de Ville de Lyon fait remarquer que c'est toujours « le plus ancien échevin non gradué étant en exercice (3) ».

---

(1) Effectivement le blé s'était vendu 34 sols le bichet au marché du mois d'août, BB. 222, f° 179.
(2) BB. 222, f° 176.
(3) *Revue d'Histoire de Lyon*, 1903, t. II, p. 144.

§ II. *Fonctions des directeurs. Leurs avances de fonds.* — Une fois nommés, les intendants et directeurs de l'Abondance doivent s'assembler pour délibérer sur les mesures qu'il convient de prendre afin de remplir avec succès leur mission. L'article 5 du règlement leur permet de se réunir « quand ils voudront, sauf le mardi et jeudi, jours des assemblées du Consulat » (1). En 1636 et 1643, ils avaient d'abord choisi deux jours par semaine, le lundi et le jeudi (2), puis bientôt la réunion du lundi leur parut suffisante, mais ils exigèrent une assiduité plus grande et l'obtinrent en fixant une amende que devaient payer les absents (3). En 1670, on fixa le samedi comme jour de la réunion hebdomadaire (4). Bien souvent, d'ailleurs, elle n'était pas tenue.

Les directeurs de l'Abondance choisirent comme lieu de réunion soit le domicile d'un des leurs, soit celui du notaire royal qui leur servait de secrétaire, soit le plus souvent « l'hôtel commun » qui, en 1643, était situé rue de la Poulaillerie. Lors de son rétablissement en 1667, la Chambre d'abondance tint ses assemblées au nouvel Hôtel de Ville « dans une

---

(1) V. *supra*, p. 56.

(2) GG. Chappe, IV, 538, n° 49, 18 août 1636, 11 septembre 1643 et 5 septembre 1644.

(3) GG. Chappe, IV, 538, n° 49, 16 octobre 1636 et 5 septembre 1644.

Le produit de ces amendes (20 sols en 1636, 10 sols en 1644, 15 sols en 1694), d'abord affecté au soulagement des prisonniers de la Conciergerie, fut ensuite versé par moitié aux pauvres de l'Hôtel-Dieu et à ceux de l'Aumône générale.

(4) GG. Chappe, IV, 538, n° 50, 26 février 1670. Cérémonial public de l'Hôtel de Ville de Lyon, 1680, *Revue d'Histoire de Lyon*, 1903, t. II, p. 144.

salle étant à plain-pied du grand vestibule du côté du vent (1) ». Connue aujourd'hui sous le nom de salle de l'Abondance, elle occupe l'angle sud-ouest du monument (2). Elle fut meublée et décorée avec un certain luxe : la facture, payée en 1670, mentionne « une tapisserie de brocard de Flandres mi-soie fond bleu, des chaises et tables et des rideaux bazin d'Inde aux fenêtres » (2).

Les premières assemblées de l'année étaient généralement assez longues.

Il fallait, en effet, répartir entre les nouveaux directeurs la surveillance des greniers et les opérations d'achat ou de vente des grains ; il fallait aussi nommer un trésorier pour manier les fonds de la caisse et tenir la comptabilité. Ce dernier conservait en général ses fonctions pendant deux ans ; quelques-uns exercèrent cette charge pendant plusieurs années (4). Il avait souvent, sous ses ordres, un teneur de livres.

Les délibérations étaient prises à la majorité, le *quorum* nécessaire pour leur validité étant de cinq membres présents (5).

Pour effectuer les premiers achats de blé à mettre en réserve, tous les directeurs devaient verser au trésorier une somme déterminée ; de son côté, le Consulat y ajoutait une part égale à celle avancée

---

(1) BB. 226, f° 133.
(2) Elle abrite actuellement le 5ᵉ bureau de la mairie centrale.
(3) BB, 226, f° 133.
(4) Voir aux appendices la liste des trésoriers de l'abondance.
(5) GG. Chappe, IV, 538, 11 septembre 1643.

par chacun des directeurs. Les articles 4 et 9 du règlement de 1643 leur garantissaient le remboursement de leurs avances et frais avec les intérêts au denier dix-huit ; le texte de l'article 9 était, sur ce point, d'une précision qui ne laissait place à aucun doute. « Et si, par la reddition desdits comptes, il se trouve qu'il y ait perte sur lesdits blés..... les prévôt des marchands et échevins seront tenus d'indemniser les intendants et leur payer et rembourser la perte et dommage incontinent après la reddition dudit compte, à peine de tous dépens, dommages et intérêts (1). » Malgré cette promesse les directeurs craignirent souvent de n'être pas entièrement remboursés des pertes qu'ils auraient pu subir en s'acquittant de leur charge. Ils demandèrent souvent des garanties plus sérieuses, « des sûretés de plus », comme ils disaient alors. Ils obtinrent notamment du Consulat, le 26 avril 1644, une délibération les garantissant contre l'insolvabilité des marchands auxquels ils auraient fait des avances pour des achats de blé et contre celle des boulangers « auxquels ils pourront faire crédit, après, toutefois, la résolution qui en aura été prise entre lesdits sieurs directeurs par la pluralité de leurs voix » (2). Le même acte consulaire, mentionné dans la suite après chaque nomination des directeurs, imposait à ceux qui entraient en charge l'obligation de rembourser immédiatement aux anciens directeurs toutes les avances que ceux-ci

---

(1) V. *supra*, p. 57.
(2) BB. 198, f° 70.

auraient faites — comme on l'avait déjà pratiqué en 1637 — mais sans qu'on se souciât désormais de faire mesurer les blés qui constituaient les réserves de l'Abondance. Enfin, ce même acte spécifiait que les directeurs seraient « remboursés de leurs avances, intérêts et frais préférablement et avant que le Consulat le pût être de l'avance qu'il aurait faite des deniers communs de la ville » (1).

Les exigences des intendants de l'Abondance n'en restèrent pas là. Avec la garantie de la ville, il semblait bien que les directeurs, tout en acceptant des fonctions qui leur créaient de nouvelles occupations, n'eussent aucun risque à courir. Ils ne se contentèrent cependant pas toujours de l'intérêt au denier dix-huit, soit 5,55 %, que leur accordait l'article 4 du règlement de 1643. Ils demandèrent au Consulat et obtinrent que les intérêts de leurs avances leur fussent payés à 7 %, « qui est un pied modéré, disaient-ils en 1648, eu égard aux changes qui se payent sur la place » (2). Il faut, d'ailleurs, reconnaître à la louange de leurs successeurs de 1651 que ceux-ci, renonçant à ce taux avantageux, revinrent spontanément à l'ancien taux de 5,55 % (3).

Ces intérêts payés aux directeurs ne se montèrent jamais à des sommes élevées jusqu'à la fin de cette première période. Leurs avances furent assez modérées, parce qu'ils ne se livrèrent pas à des achats

---

(1) BB. 198, f° 70.
(2) Délib. consul. du 24 avril 1648. BB. 202, f° 136.
(3) Délibération de la Chambre d'abondance du 10 octobre 1651. GG. Chappe, IV, 538, n° 50.

très importants. Depuis 1667, les bonnes récoltes s'étaient succédé et l'intervention active de la Chambre d'abondance n'avait pas été nécessaire.

Cette situation favorable dura jusqu'en 1692.

§ III. *L'émeute de* 1693. — La récolte médiocre de 1692 interrompit en effet la longue série des années fertiles ; celle de 1693 fut réellement mauvaise. Dès le mois d'avril 1693, on put prévoir son mauvais rendement et le prix du blé ne tarda pas à augmenter. C'était le prélude d'une famine générale, qui fut à Lyon la cause de troubles graves. Il ne sera pas inutile de les rappeler brièvement : car ils entraînèrent une modification importante des règlements de l'Abondance.

Les premiers désordres commencèrent le dimanche 17 mai. Ce jour-là, la foule réunie à Bellecour devant l'hôtel de l'intendant, Pierre de Bérulle (1), protesta contre la hausse du prix du pain. Les mêmes attroupements se reproduisirent le lendemain matin ; la populace demandait insolemment du pain au prévôt des marchands, Dulieu ; elle lui arracha son manteau, le saisit à la gorge et menaça de piller et de brûler sa maison (2). L'émeute fut cependant maîtrisée par la force, le calme fut rétabli. Mais l'approvisionnement n'était pas assuré, les greniers étaient vides. La Chambre d'abondance avait été prise au dépourvu.

---

(1) Il habitait à l'angle de la place Bellecour et de la rue Saint-Joseph (aujourd'hui rue Auguste-Comte), du côté du Rhône.
(2) BB. 251, f⁰ˢ 55-56.

C'est à elle néanmoins que le Consulat recourut pour faire acheter rapidement des quantités importantes de blé ; toutefois, comme l'intendant de Bourgogne, approuvé par le contrôleur général, ne voulait plus autoriser la sortie des grains de cette province, il fallut en faire venir de Provence avec beaucoup plus de frais. Les directeurs éprouvèrent quelques difficultés pour trouver immédiatement l'argent qu'exigeaient tous ces achats. Ils offrirent 60.000 livres (1) et le Consulat leur en fit remettre 30.000 (2) par les receveurs des droits du tiers-surtaux, de deux pour cent et du quarantième (3).

Ces mesures d'extrême urgence ne suffirent pas à fournir convenablement les marchés de la ville, le prix du blé continua sa marche ascendante jusqu'au mois de mai 1694. Au fond, l'Abondance n'avait pas réalisé les espérances qu'on avait fondées sur elle. Les réserves, trop peu importantes, qu'elle avait mises de côté avaient été consommées trop rapidement ; elles avaient à peine retardé la hausse des céréales.

---

(1) BB. 251, f° 87.
(2) Délib. consul. du 26 mai 1693. BB. 251, f° 64.
(3) Tous ces droits étaient perçus en augmentation sur ceux de la douane de Lyon. Le tiers-surtaux, créé en 1595, fut supprimé en 1720. Le quarantième créé en 1633, au tarif de 2 sols pour livre, fut réduit à un sol en 1640 et l'année suivante à un demi-sol, d'où son nom. Il fut également supprimé en 1720. Enfin le droit de deux pour cent se levait conjointement avec le droit de douane sur toutes les marchandises qui y étaient sujettes, à l'exception des soies. Il disparut en 1698. — Cf. *Mémoire sur le Gouvernement de Lyon*, par l'intendant LAMBERT D'HERBIGNY ; et *Le régime douanier de Lyon*, par M. S. CHARLÉTY. Revue d'Histoire de Lyon, 1902, t. I, pp. 319-320 et p. 495.

Le Consulat ne fut pas découragé par cet insuccès ; au contraire, il résolut de donner des moyens d'action plus puissants à la Chambre d'abondance pour lui permettre de mieux remplir son rôle de prévoyance. C'est dans cette intention qu'une réunion des autorités locales fut convoquée au plus fort de la crise, pour modifier les règlements de 1643.

Section II. — **Deuxième période : 1694-1747.**

§ I. *L'assemblée du 9 janvier* 1694. — L'assemblée se tint le samedi 9 janvier 1694 en l'hôtel du gouverneur, Monseigneur le duc de Villeroy, et sous sa présidence ; le comte de Canaples, commandant pour Sa Majesté dans la ville de Lyon, l'intendant de Bérulle et le Consulat y assistaient. Le procès-verbal est muet sur les discussions de l'assemblée ; il mentionne simplement le texte des nouveaux articles du règlement que l'on résolut d'ajouter ou de substituer aux anciens.

L'article premier contenait de légers changements dans le titre officiel donné à cette administration et dans le nombre des directeurs :

Article premier. — « La Chambre de direction de l'Abondance sera composée d'onze directeurs, bons citoyens ou négociants des plus accrédités et d'une probité connue, y compris celui qui y présidera pour le Consulat, qui sera toujours le second échevin, bourgeois ou négociant, et au cas que ledit second échevin se trouve gradué, le premier qui ne. le sera pas tiendra sa place (1). » Cette règle était au fond la confirmation d'un usage que nous avons rencontré depuis 1667 ; le nombre de dix directeurs avait été choisi également lors du rétablissement de 1667, on ne sait pour quelle raison. Les articles 2 et 3 leur prescrivaient de tenir deux réunions par semaine, le mercredi et le samedi. Comme nous ne possédons pas leur registre de délibérations, nous ne pouvons pas assurer qu'ils aient enfreint cette règle : mais il serait fort étonnant qu'ils n'eussent pas suivi l'exemple de leurs prédécesseurs, dont les réunions étaient souvent bien espacées.

L'article 4, pris à la lettre, prévoyait le renouvellement des directeurs par moitié tous les deux ans ; ils auraient eu ainsi un mandat d'une durée de quatre ans : mais en fait, le Consulat prit immédiatement l'habitude d'en remplacer la moitié tous les ans, réduisant ainsi la durée de leur mandat à deux ans, comme le prescrivait l'ancien règlement de 1643.

Les modifications contenues dans ces premiers articles sont d'une importance très secondaire : seules, elles ne mériteraient pas de servir de point de départ à une seconde période de l'Abondance. Ce sont, au contraire, les articles suivants qui opèrent une véritable transformation ; ils précisent le rôle de la Chambre d'abondance et lui donnent les moyens d'action qu'elle n'avait pas connus jusqu'alors.

Au lieu de laisser aux directeurs toute initiative pour déterminer la quantité de blé qu'ils achèteraient,

---

(1) Délib. du 9 janvier 1694. BB. 252, f° 22.

le règlement de 1694 les oblige à avoir toujours dans leurs greniers au moins 10.000 ânées de blé et fixe les avances de chacun des dix directeurs à 10.000 livres; de son côté, le Consulat s'engage à verser une somme de 120.000 livres dans la caisse du trésorier et à la renouveler toutes les fois qu'elle sera consommée (1).

En outre, le nouveau règlement donne pleins pouvoirs à la Chambre d'abondance pour contracter les emprunts qu'elle jugera nécessaires ; le Consulat promet de payer tous les billets ou lettres de change qu'elle émettra (2).

Pour assurer le bon ordre de la comptabilité, le règlement contient certaines prescriptions plus précises sur la reddition annuelle des comptes et sur leur approbation par le Consulat. Enfin, l'on prend soin d'interdire « aux directeurs de faire directement ou indirectement aucun achat ni commerce de blé pour leur compte particulier pendant qu'ils seront dans

---

(1) BB. 252, f° 22. — « Article 6. Les dits directeurs feront chacun 10.000 livres de fonds dans la caisse de l'Abondance dont les intérêts seront payés tous les ans à raison de 6 %.

« Article 7. Le Consulat fera un fonds de six-vingt mille livres entre les mains du trésorier de la direction, sans en prétendre aucune restitution ni intérêt pour aucune cause ou prétexte que ce soit, si ce n'est pour les raisons qui seront dites ci-après (c'est-à-dire au cas où l'Abondance ferait des bénéfices), ce fonds étant pour servir de capital et de sûreté pour le remboursement des sommes que lesdits sieurs directeurs fourniront ou emprunteront pour les achats de blés qu'ils jugeront nécessaires pour la subsistance de ladite ville, en sorte que dans tous les temps, il y en ait dans les greniers et magasins du moins le nombre de 10.000 ânées qui seront vendues et remplacées tous les ans par délibération desdits directeurs signée du moins de deux tiers. »

(2) Article 14 du règlement. BB. 252, f° 23.

la direction (1)». Des pénalités sévères sont prévues à l'égard de ceux qui enfreindraient cette prohibition.

Ce règlement permettait à la Chambre d'abondance de comprendre son rôle d'une manière plus large et d'emmagasiner des réserves plus importantes. Avec les fonds du Consulat et les avances des directeurs, elle avait à sa disposition une somme de 220.000 livres, pouvant suffire à l'achat de 10 à 15 mille ânées de blé au prix moyen des années précédentes ; mais avec les cours élevés des céréales au moment de l'assemblée, il aurait fallu une somme double pour pouvoir acheter la provision de 10.000 ânées exigée par l'article 7. C'est pour ces circonstances critiques que les ressources extraordinaires de l'emprunt étaient prévues.

Ces nouvelles prescriptions édictées par l'assemblée de 1694 ne furent pas toujours observées. Nous avons déjà fait remarquer que le renouvellement partiel des membres se fit tous les ans et non tous les deux ans; inversement les comptes qui devaient être rendus au Consulat tous les ans le furent seulement tous les deux ans, parfois même tous les trois ou quatre ans (2). Enfin, la somme de 120.000 livres avancée par le Consulat devait être prêtée sans intérêts, ce qui n'empêcha pas le receveur de la ville, Gaspard Gaultier, de les réclamer (3).

---

(1) Article 15 du règlement. BB, 252, f° 23.

(2) Il n'y eut même qu'un seul compte rendu au Consulat pour les sept années de 1707-1713. GG. Chappe, IV, 495.

(3) Au moins pour la période de 1695 à 1704 ; voir les registres des délibérations consulaires de ces années, BB. 253 à 264.

§ II. *La disette de* 1709. — Ce fut pendant cette seconde période de son existence que la Chambre d'abondance eut à secourir la ville de Lyon lors de la plus affreuse disette dont nos ancêtres aient gardé le souvenir. L'hiver de 1709 fut si rigoureux que toutes les semailles furent perdues. Le désastre fut encore accru par la faute de l'administration. Au printemps, une ordonnance de l'intendant de Lyon, Trudaine, défendit « à peine de vie » de réensemencer les terres où le blé avait gelé, afin de ne pas enlever à la consommation les petites quantités de blé qui formaient alors tout l'approvisionnement de la région. Cette réglementation, condamnée par le bon sens des paysans, enfreinte par quelques-uns avant d'être abrogée (1), laissa un très mauvais souvenir ; longtemps après, les physiocrates et tous les partisans de la liberté du commerce des grains la critiquèrent à l'envi.

La Chambre d'abondance fut chargée pendant cette terrible année d'assurer la subsistance des citoyens ; elle y consacra des sommes énormes. Nous aurons à revenir plusieurs fois sur les événements qui se déroulèrent à ce moment et il nous suffira d'indiquer ici les conséquences que cette épouvantable famine exerça sur l'activité de la Chambre d'abondance. Les pertes énormes qu'elle éprouva plongèrent ses directeurs et les membres du Consulat

---

(1) Cf. *La grande famine de 1709*, par Jean LORÉDAN, dans la *Revue* du 1er octobre 1909, p. 322 ; — *L'hiver de 1709, relation du Curé de Vaise, Jean-Baptiste Persin*, dans la *Revue d'Histoire de Lyon*, 1909, t. VIII, p. 58.

dans un découragement profond ; ils s'apercevaient, mais un peu tard, que les approvisionnements mis en réserve par cette administration avaient à peine retardé l'apparition de la famine et que les achats faits à l'étranger pendant la crise avaient coûté des sommes considérables.

Après que les comptes furent définitivement réglés en 1713, il y eut un temps d'arrêt ou, pour mieux dire, un moment de répit. La Chambre d'abondance réduisit ses opérations ; ses achats furent beaucoup plus espacés. Il n'y eut cependant pas d'interruption complète, comme semblerait l'indiquer cette phrase d'une délibération consulaire du 3 janvier 1730 : « Lesdits sieurs (du Consulat) devant procéder à la nomination des sieurs directeurs de l'Abondance de cette ville, ils ont pensé que, pour l'intérêt du public et celui de cette ville et communauté en particulier, il était à propos de rétablir l'exécution des règlements de cette compagnie qui avait été suspendue par les événements de l'année 1709... (1) ».

Il y a bien sans doute une lacune dans la comptabilité de l'Abondance à cette époque ; les livres de comptes, qui, depuis 1667, étaient conservés dans une solide reliure en parchemin, ornée des armoiries de la ville, n'existent plus après 1713. Mais dès 1716 on retrouve dans les registres des délibérations du Consulat un résumé des comptes de l'Abon-

---

(1) Délib. du Consulat du 3 janvier 1730. BB. 294, f° 7.

dance (1). En outre, la nomination des directeurs faite très régulièrement chaque année prouverait bien à elle seule qu'il n'y eut pas de véritable interruption dans l'existence de la Chambre. Bien plus, ce fut en ce moment que le Consulat résolut de construire d'immenses greniers d'abondance, préparant ainsi une nouvelle ère d'activité à l'administration qu'il avait chargée de veiller à l'approvisionnement de la ville. La Compagnie de l'abondance ne fut donc pas suspendue à la suite des événements de 1709 ; il y eut simplement plus de négligence, plus d'irrégularités dans l'application des règlements édictés en 1694. Le Consulat donna lui-même l'exemple de l'indolence en ne fournissant plus les 120.000 livres qu'il devait prêter. Les directeurs aussi ne firent que des avances minimes, car leur activité, découragée par les pertes éprouvées pendant la famine, se bornait à des achats très restreints.

§ III. *Nouvelle modification des règlements en* 1730. — C'est sans doute pour réagir contre cette inertie que le Consulat décida en 1730, de modifier de nouveau les règlements de l'Abondance. Il voulait réveiller cette administration de sa torpeur, et stimuler son initiative tout en limitant les moyens financiers dont elle pouvait disposer. Les modifications sont d'ailleurs assez légères : les avances de chacun des

---

(1) Comptes de 1716 à 1718. BB. 281, f° 19.
— de 1719 à 1723. BB. 286, f° 14.
— de 1724 à 1725. BB. 288, f° 11.
— de 1725 à 1727. BB. 292, f° 14.

directeurs sont fixées à 8.000 livres au lieu de 10.000 ; le fonds que le Consulat doit payer au trésorier pour l'achat des blés est également réduit à 80.000 livres ; le Consulat se dispensait d'ailleurs de le fournir une première fois en remettant à l'Abondance les blés qui se trouvaient alors dans les greniers publics, promettant de parfaire cette somme, si l'inventaire des blés emmagasinés n'atteignait pas les 80.000 livres (1). Une autre modification d'ordre intérieur portait qu'à l'avenir l'échevin chargé de présider le bureau servirait l'année suivante en qualité d'ex-consul comme membre de la Chambre d'abondance.

Il en fut de ce règlement de 1730 comme des règlements précédents ; il ne fut pas appliqué longtemps dans toute son intégrité ; et les nouveaux directeurs ne montrèrent pas plus d'activité que leurs devanciers n'en avaient montré depuis quinze ans environ. Leurs réunions ne furent probablement pas très fréquentes ; leurs achats n'eurent guère d'influence sur l'approvisionnement de la ville. Il est vrai que de 1721 à 1740 il n'y eut pas de mauvaises récoltes et le cours du blé resta très normal pendant toute cette période (2).

Quatre ans après la mise en vigueur de ces nouveaux règlements, le Consulat ne prend déjà plus la peine de procéder au renouvellement partiel des membres de la Chambre d'abondance, il se contente

---

(1) Délib. du 3 janvier 1730, art. 2 et 3. BB. 294, f° 7.
(2) La cherté de 1725 se fit à peine sentir dans la région lyonnaise ; elle fut assez grave dans la région parisienne.

de remplacer l'échevin sortant et maintient dans leurs fonctions tous les anciens directeurs. A dater de 1743, il oublie même de nommer l'échevin chargé de présider le bureau, et ce dernier ne se réunissait que très rarement depuis quelques années (1).

Section III. — **Troisième période : 1747-1777.**

Cette négligence, qui ne fut probablement pas intentionnelle, devait amener une transformation profonde dans l'administration de l'Abondance. Le Consulat, se privant du concours désintéressé des directeurs qu'il nommait lui-même, allait confier à l'un des quatre échevins le soin de remplir les fonctions qu'il avait laissées à la Chambre d'abondance pendant plus d'un siècle. Aucun règlement n'intervint pour déterminer ce nouvel état de choses.

Au premier abord il ne semble pas que ce changement ait eu beaucoup d'influence sur les mérites ou les défauts de cette institution. Que la gestion des greniers d'abondance fût confiée à un seul échevin ou à une commission de dix personnes, ses bénéfices ou ses pertes retombaient toujours sur le budget municipal. En fait, cependant, le Consulat avait plus d'autorité sur un de ses membres que sur la

---

(1) La dernière réunion de la Chambre d'abondance dont nous ayons trouvé mention est du 21 novembre 1742. GG. Chappe, IV, 510, n° 102.

Chambre d'abondance ; il pouvait agir avec plus de rapidité, et disposer plus facilement des ressources financières de la ville pour subvenir à la subsistance des citoyens. Il pouvait se montrer plus audacieux et se lancer dans des opérations plus téméraires. Enfin et surtout, il était moins bien armé pour résister aux réclamations des habitants, qui dans les années de disette protestent toujours contre la hausse des denrées alimentaires.

Cette transformation de l'Abondance ne fut pas instantanée ; elle s'accomplit en plusieurs étapes. Tout d'abord les directeurs ne furent pas remplacés. Il est probable qu'ils cessèrent de se réunir en 1743. Le trésorier qu'ils avaient nommé en 1734, Jean-Mathieu Chancey (1), continua volontairement ses fonctions pendant plusieurs années ; à lui seul, il assuma la charge que ses collègues venaient d'exercer avec lui. Mais, comme il ne se sentait plus soutenu par les anciens membres de la Chambre, il demanda au Consulat de confirmer sa nomination comme trésorier ; à plusieurs reprises celui-ci accéda à la requête de Chancey en approuvant tous les billets qu'il avait signés pour l'approvisionnement de la ville. Il lui permit aussi d'ajourner le remboursement des sommes qu'on lui avait prêtées et d'emprunter à nouveau pour acquitter les anciens créan-

---

(1) Jean-Mathieu Chancey, nommé par le Consulat membre de la Chambre d'abondance le 3 janvier 1733, fut élu trésorier par ses collègues, le 9 janvier 1734 ; il occupa ces fonctions jusqu'en 1748. — Voir BB. 297, f° 10, et BB. 310, f° 72.

ciers (1). En somme, Chancey dirigea seul l'Abondance jusqu'en 1747.

C'est en 1747 que le Consulat nomma pour la première fois un échevin chargé de l'inspection des greniers d'abondance. Ce dernier s'occupa désormais avec le trésorier de l'Abondance de l'achat et de la vente des blés. Lorsqu'il fallait prendre une décision importante, il ne manquait pas de se couvrir en sollicitant l'avis du Consulat. A partir de cette époque, on trouve au début de chaque année, lors de la distribution des affaires entre les membres du Consulat, la nomination de l'échevin spécialement chargé de cette fonction. L'Abondance conserva quelques années encore un trésorier pour son service exclusif ; ce furent successivement : Jean-Mathieu Chancey, puis, en 1748, son fils, Joseph Chancey. Celui-ci donna sa démission en 1752 ; au lieu de le remplacer, l'emploi fut supprimé et les fonds de la caisse de l'Abondance furent remis au receveur des deniers communs de la ville, Pierre Nicolau. Mais on n'en conservait pas moins une comptabilité particulière pour toutes les opérations. Le Consulat sut mettre à profit la belle situation de fortune de son trésorier, en lui demandant parfois de lui consentir des avances importantes. En outre

---

(1) Ces pouvoirs lui ont été donnés et confirmés par délibération du Consulat des 16 juin 1744 (BB. 310, f° 72), 7 décembre 1747 (BB. 313, f° 155). Puis à sa mort, en 1748, on donne les mêmes pouvoirs à son fils Joseph Chancey, 13 août 1748 (BB. 314, f° 111), 31 décembre 1748 (BB. 314, f° 174), 4 décembre 1749 (BB. 315, f° 160). Joseph Chancey donne sa démission en 1752 et est nommé contrôleur des mesureurs de grains, 11 mai 1752 (BB. 319, f° 81).

de l'intérêt de ses avances, qui atteignirent parfois plusieurs millions de livres, le trésorier de la ville recevait une commission de 1/2 % sur leur montant (1).

Cette modification marque la dernière étape de cette transformation de l'Abondance ; elle achève la main-mise complète du Consulat sur l'administration, qu'il avait d'abord confiée à une réunion de commissaires indépendants, assez analogue aux institutions des recteurs de l'Hôtel-Dieu et de l'Aumône générale. Le Consulat renonçait ainsi au concours éclairé de ces citoyens qui n'avaient ménagé ni leur temps, ni leur peine, pour assurer l'approvisionnement de la ville dans les circonstances critiques. En reprenant dans ses mains la direction de cet établissement, il agissait dans l'intérêt du public ; il voulait réussir là où la Chambre d'abondance avait échoué. Ses espoirs furent déçus. La gestion des greniers publics par le Consulat lui-même fut encore plus onéreuse.

La dernière période de l'Abondance, qui dura exactement trente ans, fut marquée par deux disettes, celle de 1749 et celle de 1770, que certaines circonstances rendirent plus graves à Lyon que dans d'autres régions. Toutes deux éclatèrent à un moment où

---

(1) M. VIAL, dans son étude sur les *Receveurs ou trésoriers de la ville de Lyon*, cite le chiffre de 1 ½ % (*Revue d'Histoire de Lyon*, t. VIII, p. 388). La commission n'était en réalité que de ½ % (BB. 343, f⁰ˢ 65-66). — Voir également le *Mémoire de* M. DE MONTRIBLOUD *à l'Assemblée des Notables de la ville de Lyon*, Fonds Coste, n° 111.862, pp. 40-45.

l'industrie subissait une crise ; la cherté des vivres coïncidait donc avec le chômage d'un très grand nombre d'ouvriers en soie. D'autre part, les ordres formels des contrôleurs généraux augmentèrent dans une très large proportion les dépenses de la ville pour son approvisionnement. Aussi les résultats financiers de l'Abondance furent-ils déplorables.

Dès 1765 les notables lyonnais s'efforcèrent de remédier à cette situation fâcheuse ; ils soumirent au Consulat divers projets pour modifier cette administration qui avait causé tant de mécomptes. Nous mentionnerons ces propositions en étudiant les dernières années et la suppression de l'Abondance. Auparavant nous examinerons son fonctionnement dans ses détails. Pendant la durée de son existence, ses opérations ne présentent pas de différences bien sérieuses ; nous laisserons donc de côté la distinction des trois périodes que nous venons d'établir. Elle se justifiait parfaitement pour retracer l'historique de l'Abondance ; mais elle est superflue pour expliquer son fonctionnement.

CHAPITRE III

Fonctionnement de l'Abondance.

L'assemblée des notables de 1643, en fondant la Chambre d'abondance comme établissement perpétuel, avait voulu mettre la ville de Lyon à l'abri des calamités qu'entraînait autrefois le retour périodique des disettes. Elle avait en même temps indiqué les moyens d'y parvenir. Il s'agissait d'emmagasiner pendant les bonnes années des réserves de blé qui fussent capables d'alimenter la consommation lorsque surviendraient des années mauvaises. La Chambre d'abondance devait empêcher les écarts trop considérables des prix du blé ; elle devait avoir un rôle analogue à celui que jouent les barrages du Nil, en retenant les eaux trop abondantes lors des inondations et en les laissant écouler pendant la sécheresse, pour répandre la vie sur des terrains qui resteraient incultes s'ils ne pouvaient être arrosés. Seulement, tandis qu'en Egypte les périodes de sécheresse et de pluie se succèdent tous les ans, dans nos pays les mauvaises récoltes ne reviennent qu'à des intervalles indéterminés, et cette irrégularité rendait plus difficile la mission de la Chambre d'abondance.

S'il lui était presque impossible d'empêcher complètement que les effets d'une disette ne se fissent sentir à Lyon par une hausse des denrées alimentaires, du moins elle pouvait avoir une influence sur les cours du blé lorsque les intempéries retardaient l'arrivée des subsistances en arrêtant les bateaux sur le Rhône et la Saône. La ville de Lyon profitait en effet de sa situation privilégiée au confluent de deux fleuves importants et faisait venir par eau la plus grande partie de son approvisionnement. Mais lorsque le froid ou les inondations suspendaient la navigation, les habitants se trouvaient dans une situation critique, si des réserves suffisantes de blé ne permettaient pas d'attendre la fin du mauvais temps. Sans doute le transport par voie de terre restait toujours possible : mais on l'évitait, autant que l'on pouvait, à cause de son prix plus élevé. Ces circonstances exceptionnelles n'ayant d'ailleurs jamais une durée bien longue, il suffisait d'approvisionnements moyens pour parer au danger qu'elles faisaient courir.

Pour avoir à Lyon des réserves de blé capables d'assurer l'alimentation des habitants au cas de mauvaises récoltes ou bien en cas d'interruption des transports, l'Abondance devait se livrer à trois opérations distinctes : l'achat des grains, leur transport jusqu'à Lyon et leur conservation dans les greniers ; une quatrième enfin, leur vente sur les marchés publics ou aux boulangers, lui permettait d'écouler ses stocks pour les livrer à la consommation.

Chacune de ces opérations mérite de retenir notre

attention ; nous pourrons suivre ainsi pas à pas le fonctionnement de cette administration.

Section première. — Achat des blés.

Les divers règlements successivement appliqués à l'Abondance n'ont jamais spécifié la qualité des grains qu'elle devait acheter. Celui de 1643 parle de « blés et grains » ; il laissait donc toute latitude aux directeurs. Au XVIIe siècle, les achats de seigle ne furent pas rares ; une clause assez fréquente des traités retrouvés dans les pièces de comptabilité permettait au vendeur de livrer les deux tiers en froment et un tiers en seigle, à un prix naturellement différent. Dans les années de disette, en 1709 par exemple, on faisait aussi venir du riz. Mais, en règle générale, et surtout à partir du XVIIIe siècle, l'Abondance n'acheta que du froment ; il convenait mieux à la nourriture des habitants d'une ville. Ceux-ci avaient le choix entre les trois catégories de pain que cuisaient alors les boulangers ; il y en avait pour tous les goûts et pour toutes les bourses.

§ I. *Provenance des blés achetés par l'Abondance.* — Si les règlements laissaient une certaine liberté dans le choix des céréales, ils indiquaient avec plus de précision les régions d'où les directeurs feraient venir l'approvisionnement de la ville ou plutôt ils fixaient une limite dans laquelle les achats ne pourraient être effectués. Cette limite, c'était d'abord le rayon de cinq lieues autour de la ville, rayon à l'intérieur duquel les boulangers et les marchands de blé ne devaient pas acheter de blé, afin de laisser aux particuliers la facilité de faire leur provision pour eux et leur famille. Cette réglementation favorisait les habitants qui faisaient leur pain chez eux. Elle a été générale sous l'ancien régime et subsista jusqu'aux réformes de Turgot en 1774. Ce cercle d'interdiction était cependant variable suivant les villes. De 8 ou de 10 lieues à Paris, ce rayon était réduit à 2 lieues pour la plupart des autres villes (1). A Lyon une sentence de la sénéchaussée rendue en 1606 et approuvée l'année suivante par le Parlement de Paris l'avait fixé à 5 lieues (2). Les directeurs de l'Abondance durent le respecter comme tous les marchands de blé.

On leur imposa même une situation plus difficile en leur défendant tout achat au pays de Dombes et en leur recommandant de ne pas en faire en Bourgogne : « et si possible, dit le règlement de 1643, n'en achèteront en Bourgogne, afin de n'ôter la commodité aux marchands de cette ville, négociants tant seulement en blé, d'en faire l'achat ainsi qu'ils ont accoutumé pour le conduire en cette ville » (3).

*
* *

En dehors de ces restrictions, la Chambre d'abondance avait toute liberté : elle pouvait faire venir

---

(1) AFANASSIEV, *op. cit.*, pp. 73 et 75.
(2) HH. Chappe, IV, 427-428.
(3) Art. 3 du règlement, voir *supra*, p. 55.

ses blés de toutes les autres provinces du royaume et même de l'étranger.

De toutes ces interdictions, la première, celle du rayon d'achat, fut observée dans toute sa rigueur ; il en fut de même de celle qui concernait le pays de Dombes. Au contraire, l'Abondance ne tint aucun compte de la recommandation qui visait la Bourgogne ; c'est là qu'elle faisait en général tous ses achats. Déjà à cette époque cette province était considérée comme le grenier naturel de Lyon ; elle récoltait dans les années moyennes plus de blé qu'elle n'en consommait et en écoulait l'excédent dans la direction du midi, qui était desservie par une rivière de navigation facile. La ville de Lyon en profitait aussi longtemps que des obstacles ne s'opposaient pas à la circulation des grains.

Mais, bien souvent, le Parlement de Bourgogne édictait des défenses de sortir des blés de la province; nous voyons alors les directeurs de l'Abondance faire des démarches pour obtenir que le Parlement lève ses prohibitions ou pour demander au roi des passe-ports leur permettant de tirer au moins quelques quantités de blé de ce pays. Cette lutte entre deux provinces, dont l'une veut garder son blé pour en éviter l'enchérissement et dont l'autre cherche par tous les moyens possibles à obtenir cette denrée si précieuse, se renouvelle toutes les fois qu'une mauvaise récolte amène une période de cherté des grains. Il n'est pas sans intérêt d'en suivre les diverses phases pendant la longue existence de l'Abondance. Quelquefois les prétentions des Bourguignons ne se bornaient pas à interdire l'exportation des blés : elles allaient, à l'occasion, jusqu'à retenir au passage les blés que les Lyonnais faisaient venir de plus loin. Cet abus, qui semblerait extraordinaire aujourd'hui, se produisit par exemple en 1631 : les directeurs de l'Abondance se plaignirent au Consulat de ce que les blés achetés en Champagne avaient été arrêtés en Bourgogne ; il fallut l'intervention du Conseil d'Etat sollicité par le Cardinal de Lyon pour en « obtenir les arrêts et provisions nécessaires pour avoir la liberté en ladite province de Bourgogne pour le passage des blés qu'on amène de Champagne et de Bassigny » (1). Les défenses d'arrêter les blés à destination de Lyon, prononcées quelques mois auparavant par le roi en son Conseil d'Etat (2), n'étaient donc pas observées.

En 1636, il faut écrire au gouverneur de Bourgogne pour demander des passeports (3) ; en outre, il faut les faire renouveler, si le transport n'est pas terminé au 1er janvier (4).

En 1644, on recourt aux mêmes formalités : les échevins demandent d'acheter pour l'Abondance 16.000 émines (5) en Bourgogne. Le gouverneur ne donne l'autorisation « que pour 1.000 émines » ; quant au surplus, il décide que la requête sera communiquée

---

(1) Délib. cons. du 11 mars 1631. BB. 179, f° 82.
(2) Arrêt du Conseil d'Etat du roi, 13 septembre 1630. GG. Chappe, IV, 538, n° 49.
(3) GG. Chappe, IV, 538, n° 49, 20 août 1636.
(4) GG. Chappe, IV, 538, n° 49, 3 janvier 1637.
(5) L'émine, mesure de grains usitée en Bourgogne, valait de 13 à 15 bichets suivant les localités, soit de 2 ânées à 2 ânées et demie.

aux élus de la province de Bourgogne et syndics de Bresse pour nous donner avis de quelle quantité de grains nous pouvons permettre la traite aux suppliants en sorte que la province n'en reçoive aucune incommodité » (1).

Quelques années plus tard, l'Abondance se servira de l'influence de Mgr l'abbé d'Ainay pour obtenir des passeports du gouverneur de Bourgogne (2).

La conduite du Parlement de Bourgogne s'explique assez aisément lorsqu'on songe aux préjugés de l'époque sur la circulation des grains. Tantôt celui-ci veut empêcher la sortie des blés parce qu'il redoute que les habitants de son ressort n'aient plus les subsistances nécessaires ; il craint que l'exportation ne provoque un renchérissement qui serait une cause de misères pour les consommateurs locaux ; tantôt, au contraire, il s'efforce après une bonne récolte de faciliter la sortie des blés qui permettra aux agriculteurs de vendre leurs produits à un prix rémunérateur. C'est dans cette intention qu'il rend, en 1656, un arrêt « qui permet aux habitants et marchands de Bourgogne de faire voiturer par eau les blés jusqu'en Provence sans que les échevins de Lyon ne puissent les arrêter » (3). Le libre passage par la ville de Lyon des blés de Bourgogne avait été demandé au roi lors d'une assemblée des gens des trois Etats du duché de Bourgogne tenue en mai et juin 1656 (4).

---

(1) GG. Chappe, IV, 460, 15 novembre 1644.
(2) GG. Chappe, IV, 538, n° 49, 2 janvier 1649.
(3) GG. Chappe, IV, 460.
(4) GG. Chappe, IV, 460.

Malgré ces incidents qui se renouvelaient à intervalles irréguliers, ce fut bien en Bourgogne que la Chambre d'abondance fit pendant tout le XVIIe siècle la plupart de ses achats. Elle y trouvait le blé à bon compte ; elle jouissait surtout des facilités de transport qu'offrait la Saône.

Il ne faut donc pas s'étonner qu'elle ait demandé, à l'occasion de la revision des règlements de 1694, la suppression de l'article qui défendait les achats dans le pays de Dombes et déconseillait ceux en Bourgogne. Mais le contrôle général ne voulut pas laisser introduire cette modification (1).

Les directeurs de la Chambre d'abondance ne se laissèrent pas convaincre aussi facilement. Tout en protestant de leur soumission aux ordres de Sa Majesté, ils continuèrent, comme par le passé, à tirer leur approvisionnement de la Bourgogne.

Toutefois, dès le milieu du XVIIIe siècle, les difficultés se multiplièrent à tel point, que l'Abondance fut fréquemment obligée de recourir à d'autres provinces pour se procurer le blé dont elle avait besoin. En 1747, un munitionnaire des vivres de l'armée de Provence ayant saisi en Bourgogne deux bateaux de blé achetés par l'Abondance, le Consulat dut écrire au contrôleur général de Machault pour lui demander la main-levée de cette saisie (2). Il ne s'agissait là que d'un incident et la ville obtint satisfaction.

---

(1) AFANASSIEV, *op. cit.*, p. 409. — Nous n'avons retrouvé à Lyon aucun document concernant cette démarche du contrôle général.
(2) Lettre du Consulat au contrôleur général, 1er mars 1747. AA. 130, f° 68.

Mais, en 1759, les contestations furent beaucoup plus graves. A la suite d'une mauvaise récolte, le parlement de Dijon interdit la traite des blés hors de cette province ; le Consulat ayant soumis ses protestations au contrôleur général de Silhouette, celui-ci lui répond en expliquant les dispositions que le parlement avait prises « dans un moment où il était question d'apaiser la fermentation qui s'élevait parmi le peuple de cette province » (1). Il lui conseilla, en outre, de diriger ses achats du côté de la Champagne et de la Franche-Comté, en faisant remarquer que « les défenses du parlement ne peuvent arrêter les transports par la Saône des grains levés dans d'autres provinces ». Trois jours plus tard, il assure qu'il a commencé des démarches pour faire lever ces défenses : « Je n'ai point cessé, écrit-il, d'insister sur le rétablissement de la liberté dans la circulation des grains en Bourgogne ; j'espère que mes lettres auront produit l'effet que j'ai lieu d'en attendre et que les considérations qui ont occasionné l'interruption de cette liberté n'exigeront pas qu'elles subsistent plus longtemps (2). »

Ce fut en vain. Au mois de novembre, il défend aux agents envoyés par l'Abondance de continuer leurs opérations dans cette région et les engage à prendre des passeports délivrés par l'intendant pour permettre aux grains des pays limitrophes de tra-

---

(2) Lettre du contrôleur général au prévôt des marchands, 25 octobre 1759. GG. Chappe, IV, 461.
(3) Lettre du même au même, 28 octobre 1759. GG. Chappe, IV, 461.

verser la Bourgogne sans difficulté (1) ; il leur recommande encore de faire passer les blés « successivement et par petites quantités » (2). Toute cette correspondance montre bien les craintes du contrôleur général de voir se renouveler l'émeute provoquée à Dijon par une disette que la foule attribuait à l'exportation des grains hors de la province. Pour la Bourgogne, l'interdiction subsista pendant près d'un an (3).

La liberté de la circulation des grains entre les provinces n'existait donc pas à cette époque. Elle avait cependant été proclamée par l'arrêt du Conseil du 17 septembre 1754, qui avait supprimé l'obligation du passeport et de l'autorisation des intendants. Mais, cinq ans après, on n'observait déjà plus cette règle. Elle fut de nouveau proclamée par la déclaration du roi du 25 mai 1763. Celle-ci marquait une sérieuse amélioration, bien qu'elle laissât subsister les droits de marché et qu'elle gardât le silence sur les règlements locaux (4).

Lorsque, en décembre 1769, l'abbé Terray fut nommé contrôleur général, une réaction se produisit contre le régime libéral inauguré par Bertin. Dans plusieurs régions de la France on en revint aux anciens errements. La Bourgogne fut de ce nombre :

---

(1) Lettre du contrôleur général au prévôt des marchands, 8 novembre 1759. GG. Chappe, IV, 461.
(2) Lettre du même au même, 22 novembre 1759. GG. Chappe, IV, 461.
(3) Lettre du Consulat au contrôleur général, 18 novembre 1760. AA. 130, f° 196.
(4) Cf. AFANASSIEV, *op. cit.*, p. 150.

le Parlement de Dijon rendit les 6 et 9 juillet 1770, deux arrêts « qui interdisaient de sortir aucuns blés, grains et farines pour les autres pays du royaume et ne permettaient la circulation et le transport des grains que dans l'intérieur de la province »(1). Il est vrai que les idées physiocratiques avaient fait de tels progrès à la Cour que le Conseil du roi cassa ces deux arrêts aussitôt qu'il en eut connaissance (2).

Mais le contrôleur général ne chercha à faire respecter ni la déclaration de 1763, ni l'arrêt du Conseil d'Etat. Deux lettres du prévôt des marchands de Lyon au contrôleur général sembleraient le prouver. Dans la première, Le Clerc de la Verpillière supplie le contrôleur général de l'autoriser « à se procurer et tirer de Bourgogne 30.000 ou 40.000 quintaux pour la subsistance actuelle de cette ville promettant de n'en point excéder la quantité » (3).

Ces supplications restèrent vaines ; elles ne firent pas revenir l'abbé Terray sur le refus formel d'autorisation qu'il avait fait connaître par sa lettre du 17 octobre 1770; bien que nous n'ayons pas le texte de cette dernière, la lettre du prévôt des marchands ne laisse aucun doute à cet égard. « Nous avions alors l'espérance, écrit de La Verpillière, de voir arriver dans nos ports des blés de Bourgogne et autres provinces supérieures, et ce n'est que depuis votre lettre du 17 octobre dernier que nous avons dû

---

(1) Cités par AFANASSIEV, *op. cit.*, p. 172.
(2) Arrêt du Conseil d'Etat du 14 juillet 1770, *ibid.*, p. 172.
(3) Lettre du 25 octobre 1770. AA. 131, f° 223.

renoncer à cet espoir et que nous nous sommes vu forcés de diriger sérieusement toutes nos opérations du côté de Marseille (1)... »

L'année 1771 n'ayant donné qu'une récolte déficitaire, nous retrouvons les mêmes supplications du Consulat et les mêmes refus du contrôleur général. Dans une longue lettre le prévôt des marchands expose à l'abbé Terray la situation critique de ses concitoyens : « Cette ville, écrit-il, à la date du 19 août, si elle n'a pas les moyens d'acheter quelques parties de blé en Bourgogne et en Bresse, n'aura pas d'autres ressources que d'en faire venir encore de Marseille, parce que la récolte dans la Provence, le Bas Languedoc et dans la majeure partie du Dauphiné est mauvaise (2). » Il proteste également contre l'arrêt du Conseil d'Etat du 23 décembre 1770, qui avait, pour ainsi dire, abrogé par ses restrictions la déclaration libérale de 1763 ; il blâme surtout les prescriptions d'après lesquelles les blés ne peuvent être vendus que dans les marchés : « Ces dispositions, dit-il, sont un obstacle à ce que nous puissions faire acheter en Bourgogne, attendu que, pour peu que le prix augmentât dans un marché, les acheteurs étrangers seraient exposés à être lapidés par le peuple (3). » Toutes ses requêtes restant vaines, le Consulat finit par comprendre que l'abbé Terray ne reviendra sur aucune de ses

---

(1) Lettre du 3 décembre 1770. AA. 131, f° 227.
(2) Lettre du 19 août 1771. AA. 131, f° 256.
(3) Même lettre, AA. 131, f° 256.

résolutions et qu'il ne permettra pas à l'Abondance de s'approvisionner dans les provinces voisines. Dans une lettre au procureur de la ville, Prost de Grange-Blanche, il se plaint amèrement des résistances du ministre. « Il faut croire, écrit-il, que l'avantage général est le motif de sa résistance, mais qu'il s'embarrasse peu d'y faire contribuer cette ville par les dépenses énormes de sa subsistance en blés étrangers ; de nouvelles instances seraient, sans doute, inutiles et n'opéreraient pas le changement d'un plan qui sacrifie la ville de Lyon seule, comme si elle était inépuisable en ressources pour assurer l'abondance et le meilleur marché des grains dans d'autres parties du royaume (1). » Cette situation, si dure pour les finances de la ville, se prolongea pendant tout le ministère de l'abbé Terray ; même en 1772, après une récolte moyenne, le contrôleur général reste tout aussi défiant à l'égard de l'Abondance ; il lui défend de nouveau de tirer aucune ressource de Bourgogne. Il écrit au prévôt des marchands le 29 août 1772, pour le prier « d'arrêter le plus promptement possible tous achats de blé qu'il aurait donné ordre de faire dans la Bourgogne et en Franche-Comté » (2). En réalité, le Consulat, observateur consciencieux des prohibitions du ministre, n'était pour rien dans ces opérations; il se justifia en nommant le négociant lyonnais qui les avait effectuées.

---

(1) Lettre du Consulat à Prost de Grange-Blanche, 20 septembre 1771. AA. 131, f° 260.

(2) Texte cité dans une lettre du Consulat au contrôleur général, 18 septembre 1772. AA. 131, f° 298.

Voilà quelle fut l'œuvre de l'abbé Terray à l'égard de la ville de Lyon. La déclaration du 23 décembre 1770 avait bien interdit « à tous particuliers de mettre obstacle à la libre circulation des blés et farines de province à province (1) » : mais son auteur, le contrôleur général lui-même, s'était chargé d'entraver le commerce en rétablissant dans les articles précédents les prohibitions de l'ancienne réglementation. Bien plus, il défendait d'une manière absolue les approvisionnements de l'Abondance en Bourgogne.

Heureusement, la nomination de Turgot au contrôle général modifia bientôt cet état de choses. Persuadé que la liberté du commerce des grains était seule capable de corriger l'inégalité des récoltes, il l'établit par le célèbre arrêt du Conseil du 13 septembre 1774. Dès lors, l'Abondance de Lyon pouvait acheter ses blés où bon lui semblait, sans craindre les défenses des parlements ou les prohibitions du contrôleur général. Mais elle ne devait pas jouir longtemps de cette situation favorable, car ses jours étaient comptés.

**

Les diverses phases de cette lutte entre l'Abondance et le Parlement de Bourgogne ont spécialement attiré notre attention, à cause de l'importance des approvisionnements que la ville de Lyon avait l'habitude de chercher dans cette province. Il fallait,

---

(1) Déclaration du roi du 23 septembre 1770, art. 8. Voyez AFANASSIEV, *op. cit.*, p. 183.

cependant, se procurer dans d'autres pays les denrées nécessaires, lorsque les prohibitions que nous avons mentionnées l'empêchaient d'utiliser les ressources de cette région.

Dès les débuts de son existence, les directeurs de l'Abondance parcoururent le Dauphiné, le Languedoc et l'Auvergne pour y trouver des blés qu'ils faisaient venir à Lyon ; là, comme en Bourgogne, il y avait aussi des entraves à la circulation.

C'est ainsi qu'en 1643 ils envoyèrent une députation à Tournon « afin de supplier le comte de Tournon, lieutenant pour le roi en province du Dauphiné et Languedoc, de lever les défenses par lui faites de sortir des blés de ladite province du Dauphiné ». Les délégués furent bien accueillis ; ils obtinrent une ordonnance « portant permission à tous les lieux et villages du Dauphiné à six lieues à la ronde circonvoisins de cette dite ville de Lyon, d'y porter aux jours de marché, leurs blés et grains ou même du pain cuit, ainsi qu'ils ont ci-devant accoutumé, sans qu'il leur en soit donné aucun empêchement » (1). Cette ordonnance ne vise pas directement la Chambre d'abondance, puisque ses propres règlements lui interdisaient des achats dans un rayon aussi rapproché : mais en attirant les vendeurs ruraux à la Grenette, elle devait y faire baisser le prix du blé. C'est dans l'intérêt général des consommateurs lyonnais qu'elle avait sollicité cette mesure.

Le Dauphiné ne s'est, d'ailleurs, que très rarement

---

(1) Ordonnance du 15 octobre 1643. GG. Chappe, IV, 538, n° 49.

opposé à la sortie de ses blés pour la destination de Lyon ; nous n'avons trouvé, sur ce sujet, qu'une ordonnance du duc de Lesdiguières en 1651 (1). Il est vrai que les achats faits par l'Abondance dans cette province n'ont jamais eu l'importance de ceux qu'elle effectuait en Bourgogne. Les ressources du Dauphiné rendaient cependant de réels services, lorsque la navigation était arrêtée sur la Saône. Toutefois, si en 1770 et 1771 le Consulat n'a pu faire aucun achat en Dauphiné, ce fut uniquement le fait de l'abbé Terray, qui voulait à tout prix que Lyon se contentât des blés étrangers venus par Marseille.

D'autres provinces fournirent aussi des secours à l'Abondance, mais ce fut presque à titre passager, lorsque les régions voisines ne suffisaient pas à alimenter la consommation de la ville : elle procéda, par exemple, à de nombreuses opérations en Provence et en Languedoc pendant les années malheureuses de 1693, 1709 et 1770 ; elle faisait alors venir ses blés par Arles ou par Tarascon. En 1709, avant de recourir aux blés étrangers, elle demanda des subsistances à la Lorraine.

Il faut aussi mentionner quelques achats en Auvergne en 1630 (2) et en 1636 ; puis, pendant plus d'un siècle, cette province ne fut visitée ni par les marchands, ni par les agents de l'Abondance.

Enfin, en 1759, Bertin délivra à l'intendant de Lyon, M. de la Michodière, des passeports pour

---

(1) Ordonnance du 31 mars 1651. GG. Chappe, IV, 460.
(2) Voir *supra*, pp. 44-45.

40.000 quintaux de grains à tirer d'Auvergne (1). Les conseils du contrôleur général avaient été devancés par un négociant lyonnais, le sieur Berger, qui, depuis 1742, faisait venir ses blés de cette province. Comme elle manquait de débouché à défaut de grandes routes, les céréales s'y maintenaient à un prix moins élevé (2).

Enfin, dans le cas d'extrême nécessité, lorsque les secours venant du royaume ne suffisaient pas, la Chambre d'abondance se voyait obligée d'étendre le rayon de ses achats et de demander à l'étranger les denrées qu'elle ne pouvait pas trouver en France. Cette éventualité ne se produisait que dans les années de disette générale. Au XVIIe siècle, nous signalerons seulement quelques opérations insignifiantes à Genève en 1631 (3) et à Turin en 1636 (4), puis d'autres plus importantes à Gênes en 1693 (5).

Au XVIIIe siècle les achats de blés étrangers prirent une extension plus grande; ils furent considérables

---

(1) Lettre de l'intendant de la Michodière au contrôleur général Bertin. 14 novembre 1759. GG. Chappe, IV, 461. — Lettre du contrôleur général au Consulat, 7 novembre 1759. GG. Chappe, IV, 461.

(2) Cf. Un mémoire très élogieux sur le sieur Berger pour lequel l'auteur anonyme demande la noblesse en raison des services importants qu'il avait rendus à la ville. GG. Chappe, IV, 461.

(3) Délib. du 26 mars 1631. GG. Chappe, IV, 538, n° 49.

(4) Délib. du 24 août 1636. GG. Chappe, IV, 538, n° 49. Il s'agissait de 2.000 quintaux de riz.

(5) GG. Chappe, IV, 532.

à trois reprises différentes, en 1709, en 1749, en 1770. Pour faciliter cette importation, le gouvernement avait suspendu dans les années de cherté, et notamment en 1709, la perception des droits d'entrée sur les blés (1). De 1740 à 1763 une exemption provisoire avait été prorogée sans limitation. Sous le ministère de Bertin, on rétablit un droit d'importation fixé d'abord à 1 % *ad valorem* par un édit de juillet 1764, puis remplacé en novembre de la même année par un droit fixe de un sou trois deniers par quintal, auquel venaient s'ajouter « six sous pour livre » perçus en supplément par la ferme. En 1768, les droits d'entrée étaient réduits de moitié ; ils étaient donc de 9 deniers 3/4 par quintal (2). Cependant le Consulat se plaignit de cette barrière douanière ; Le Clerc de La Verpillière écrivit, le 25 octobre 1770, au contrôleur général pour le prier « d'accorder aux blés de la ville l'exemption des grains qui entrent dans le royaume, lesquels droits, on croit être de 3 livres 6 sous par quintal » (3). Ces doléances du prévôt des marchands ne peuvent s'expliquer que par l'inexactitude de ses informations. Le droit de 9 deniers 3/4 par quintal, soit 2 sous 6 deniers par ânée, augmentait à peine le prix du blé qui valait alors à Lyon 47 livres l'ânée (4).

Le gouvernement, qui avait déjà mis en vigueur

---

(1) AFANASSIEV, *op. cit.*, p. 457.
(2) Lettre du 25 octobre 1770. AA. 131, f° 223. — AFANASSIEV, *op. cit.*, pp. 460-461.
(3) Lettre du 25 octobre 1770. AA. 131, f° 223.
(4) Carcabeau du 27 octobre 1770. BB. 338, f° 84.

en 1768 (1) un système de primes à l'importation, y recourut de nouveau sous l'administration de Turgot. Un arrêt du Conseil du 25 avril 1775 promit à tous les négociants français ou étrangers qui, du 15 mai au 1er août de la même année, feraient venir dans le royaume des grains de l'étranger une gratification de 18 sous par quintal de froment et de 12 sous par quintal de seigle. En outre, Paris et Lyon obtenaient une situation privilégiée, puisque l'introduction des céréales dans ces deux villes comportait une prime supplémentaire : elle était pour Lyon de 25 sous par quintal de froment et de 15 sous par quintal de seigle (2). Comme la récolte de 1774 avait été mauvaise, la ville de Lyon n'avait pas attendu cet encouragement pour faire acheter des blés étrangers à Marseille ; néanmoins elle sut en profiter en continuant ses achats pendant la période déterminée par l'arrêt du 25 avril et toucha une gratification de 26.404 livres pour les 3.899 ânées importées pendant ce délai. Il est vrai que cette somme ne représentait guère que les deux tiers des frais de transport du blé de Marseille à Lyon (3).

Nous venons d'indiquer quelles étaient les diverses provenances des blés achetés par l'Abondance. Nous avons signalé quelques-unes des difficultés que les

---

(1) Arrêt du Conseil du 31 octobre 1768. AFANASSIEV, *op. cit.*, p. 464.
(2) TURGOT, *Œuvres*, t. II, p. 187.
(3) Lettre du Consulat au contrôleur général (Necker), 20 novembre 1776. AA. 132, f° 232. La prime totale d'importation se montait à 2 livres 3 sols par quintal, soit à 6 livres 15 sols 6 deniers par ânée, dont le prix de vente était alors de 47 à 48 livres ; elle représentait donc un huitième environ de la valeur.

directeurs devaient vaincre pour assurer l'approvisionnement de la ville dans les années de disette ; c'étaient, au premier rang, les entraves sans nombre apportées à la circulation des grains entre les provinces, les règlements interdisant l'achat de grains en dehors des marchés, les défenses de certains Parlements de sortir du blé des pays de leur ressort; c'étaient aussi, pour la disette de 1770, les résolutions trop arrêtées du contrôleur général, qui, dans la crainte d'émeutes, sacrifiait les finances de la ville de Lyon, en l'obligeant à délaisser son grenier naturel, la Bourgogne, et à faire ses achats dans d'autres provinces plus éloignées ou même à l'étranger. Tous ces obstacles provenaient de la réglementation trop rigoureuse du commerce des blés, que l'ancien régime conserva jusqu'au triomphe des idées physiocratiques.

Ce qui rendait difficile la mission de l'Abondance, c'était ce phénomène auquel on a donné le nom de particularisme provincial. Les pouvoirs publics, représentés par l'intendant ou par les Parlements, considéraient trop aisément le transport des grains hors de la province comme une véritable exportation ; ils l'interdisaient dès qu'un enchérissement se produisait. Dans ces conditions l'approvisionnement des grandes villes offrait de très sérieuses difficultés.

§ II. *Méthode employée par l'Abondance pour ses achats.* — Pour terminer cette question des achats de blé par l'Abondance, il faut encore signaler la méthode qu'elle employait pour procéder à ses opérations. Quelles étaient d'abord les personnes chargées de traiter au nom de l'administration ?

Lors des premiers essais, les intendants résolurent de se rendre eux-mêmes dans les provinces voisines pour y acheter les quantités de grains fixées par la Chambre ou simplement pour décider les marchands à amener du blé à Lyon (1); en réalité, quelques-uns seulement entreprirent ces voyages.

Ce système fut d'ailleurs rapidement abandonné : car les bourgeois et négociants que l'on nommait directeurs de l'Abondance n'avaient pas la compétence voulue pour exercer ce commerce ; de plus ils redoutaient ces déplacements qui les éloignaient pour plusieurs jours du centre de leurs affaires. En 1667, ils préférèrent donc choisir un agent spécial auquel on confiait la mission d'acheter des blés partout où il pourrait en trouver. Cet employé avait officiellement le titre de garde-magasin des greniers d'abondance. Chaque année, à l'automne, il commençait sa tournée en Bourgogne et exécutait les ordres qu'on lui transmettait de Lyon ; parfois, un second voyage était jugé nécessaire. Nous avons lu toutes les lettres que lui écrivirent les intendants de l'Abondance depuis 1667 jusqu'en 1687 (2); elles montrent bien l'intelligente activité de cet agent, Claude Prat. Il tenait la Chambre au courant de toutes ses opérations et lui faisait parvenir des rapports détaillés sur les ressources des localités qu'il traversait.

---

(1) GG. Chappe, IV, 538, n° 49. 1er août 1630 et 18 août 1636.
(2) Registre des missives des directeurs de l'Abondance. GG. Chappe, IV, 538, n° 51.

Cet employé subalterne a certainement contribué à donner à la Chambre d'abondance une certaine unité de vues que ne favorisait pas le changement continuel des membres de la direction. On apprécia sans doute ce mode d'achat par le garde-magasin des greniers, car il fut conservé pendant tout le XVIIe siècle et repris dans la suite, au moins dans les bonnes années.

De leur côté et surtout au XVIIIe siècle, les intendants passaient des marchés, directement ou par correspondance, avec des marchands de blé de Lyon, de Bourgogne ou de Provence. Mais dans les années de disette il eût été trop dangereux d'attendre les offres de ces négociants. On envoyait alors sur les lieux un individu que l'on chargeait de faire les achats nécessaires. Le Consulat choisissait pour cette mission une haute personnalité qui avait plus de crédit, mais souvent moins de compétence que le garde-magasin. C'était d'habitude un échevin ou un ex-consul. En 1693, on supplia le sieur de la Font, ancien échevin, de s'occuper des opérations de l'Abondance et de partir pour la Provence (1). En 1709, on adjoignit à l'un des directeurs de l'Abondance, déjà parti dans la même province, un ancien échevin, Antoine Bouchage (2); puis, comme ses premiers achats faits dans la région d'Arles et de Marseille ne suffisaient pas, le Consulat résolut d'envoyer en Italie le « sieur Jean-Baptiste Castigliony, natif de Milan », établi à Lyon depuis plusieurs

---

(1) Délib. consulaire du 24 mai 1693. BB. 251, f° 60.
(2) Délib. consulaire du 12 mai 1709. BB. 270, f° 63.

années « et ancien juge conservateur des privilèges royaux des foires de ladite ville ». Il devait « se transporter incessamment à Gênes, Livourne, Romagne, Venise, Messine, Palerme, Naples et même dans les îles de l'Archipel pour y faire les provisions de blé nécessaires et en aussi grande quantité qu'il pourra pour fournir à la subsistance de cette grande ville pendant le restant de cette année et toute la prochaine (1) ». Enfin, pendant la troisième période de l'Abondance, c'est l'échevin chargé de cette partie de l'administration qui procède aux achats de blé ; il entreprend lui-même les voyages nécessaires.

Ces missions extraordinaires étaient fort onéreuses. Si les échevins en exercice se contentaient du remboursement de leurs seuls débours, il fallait bien offrir aux autres des commissions pour payer leurs services. Par une convention passée en 1709 avec Castigliony, le Consulat lui avait promis 3 % sur le prix d'achat ; en outre, son commis recevait 3 livres par jour de voyage en plus de ses dépenses. Des difficultés s'élevèrent sur l'interprétation de la convention et Castigliony réclama finalement 12.000 livres de frais au lieu de 30.000 livres, somme à laquelle se montaient ses premières prétentions (2). Cela faisait encore une belle commission, étant donné qu'il n'avait pas eu d'avances à fournir, car il payait ses achats en remettant des lettres de change sur le receveur de la ville de Lyon.

---

(1) Délib. consulaire du 23 mai 1709. BB. 270, f° 69.
(2) GG. Chappe, IV, 505. Pièces justificatives, n° 92.

*
**

Pour toutes ces opérations lointaines, le meilleur mode de paiement était bien la lettre de change. Il était accepté par la plupart des gros marchands de Provence ou de l'étranger ; cependant, pour payer les paysans sur les marchés des villes de Bourgogne, l'agent de l'Abondance emportait de l'argent monnayé ; le trésorier lui envoyait par le coche d'eau de nouveaux fonds, si les premiers étaient épuisés (1).

Les sommes qui servaient à solder les approvisionnements de l'Abondance étaient fournies par les directeurs et par le Consulat. Mais lorsque les achats de blé étaient très importants, ces avances déterminées par les règlements de 1643, 1694 et 1730 devenaient insuffisantes. Il fallait recourir à d'autres ressources. Le Consulat demandait alors au receveur de la ville ou à des bourgeois de lui prêter l'argent qui lui manquait. Il remboursait plus tard ses créanciers soit avec le produit de la vente des blés, soit plus souvent avec les fonds d'emprunts communaux. Parmi les emprunts spécialement émis pour liquider les dettes de l'Abondance, les uns — ceux de 1709 et de 1773 — furent souscrits par des banquiers de Gênes ; les autres le furent à Paris en 1749 et 1750 par l'intermédiaire d'un notaire. Nous aurons à revenir sur ces

---

(1) GG. Chappe, IV, 538, n° 51.— Une lettre du 25 novembre 1667 à Prat lui annonce un envoi de 20.000 livres « emballées en deux caisses qui contiennent chacune 10.000 livres et accompagnées de Claude Bontemps, qui a ordre de ne les abandonner ni jour, ni nuit, jusqu'à ce qu'il les ait remises entre vos mains à Auxonne ».

opérations financières, quand nous rechercherons quelles ont été les pertes subies par cette administration municipale.

Section II. — **Transport des blés**.

Lorsque l'Abondance avait acheté sa provision de grains dans les provinces du royaume ou à l'étranger, elle devait encore engager de multiples dépenses avant de réaliser la moindre recette. Il lui fallait, en effet, amener à Lyon tous ses blés et les garder dans ses greniers jusqu'au jour où elle jugeait à propos de les vendre. Ces deux opérations — le transport des blés et leur conservation — augmentaient notablement le prix de revient.

Avec les moyens de communication dont on disposait aux XVIIe et XVIIIe siècles, les transports étaient très onéreux. Deux éléments distincts entraient dans le prix de transport : c'était d'une part le coût du port proprement dit, et, d'autre part, les droits fiscaux que la marchandise payait en cours de route ou à son arrivée dans la ville. La comptabilité de la Chambre d'abondance ne permet pas toujours de bien distinguer ces deux éléments, ni même d'établir avec exactitude les frais payés pour conduire les blés du lieu d'achat jusqu'à Lyon.

Les directeurs traitaient parfois avec un négociant qui prenait à sa charge tous les frais quels qu'ils fussent et qui devait rendre sa marchandise franche de tous droits, soit sur le port à Lyon, si elle venait par eau, soit à la porte des greniers, si elle y arrivait par terre. Ce procédé avait l'avantage d'être moins aléatoire pour l'Abondance, dont les directeurs étaient fort mal renseignés sur le coût des transports. Le prix de vente était alors majoré par le vendeur, qui savait bien ce qu'il lui en coûterait pour faire parvenir sa marchandise jusqu'à Lyon. Mais lorsque l'Abondance ne pouvait pas mettre ce système en pratique, elle était obligée de payer elle-même les frais de transport. En examinant les pièces justificatives de sa comptabilité, on se rend compte de l'élévation du prix de transport ; il apparaît tantôt avec ses deux éléments distincts, tantôt sous sa forme globale, lorsque les droits fiscaux y figurent confondus dans la masse.

Ce prix exorbitant n'était pas le seul inconvénient que présentaient les transports à cette époque. Leur lenteur, leur insécurité, leurs interruptions lorsque la navigation était suspendue par les glaces, les inondations ou les basses eaux, pouvaient entraîner des conséquences très graves. Lyon se trouvait parfois menacé de manquer de pain, parce que les bateaux qui amenaient les blés de l'Abondance étaient arrêtés. Sans doute, il restait bien la ressource de faire venir les blés par terre : mais c'étaient de nouveaux frais, auxquels on ne se résignait qu'en cas de nécessité absolue.

Enfin, l'insécurité des transports s'est manifestée de temps à autre par la perte de quelques barques. C'est ainsi qu'en 1761 un bateau contenant 660 sacs de blé se brisa en heurtant une des piles du pont d'Ainay ; le chargement fut à peu près perdu (1). En 1771, une barque qui remontait le Rhône chavira aux environs de Montélimar; les grains qu'elle contenait furent tellement détériorés que l'Abondance fut obligée de les vendre sur place à un prix très réduit (2).

Signalons encore la perte de 116 ânées jetées à la mer entre Gênes et Bouc pour éviter le naufrage du *Saint-François-Xavier* (3). Les risques de mer étaient tellement fréquents que le commerce avait depuis très longtemps pris l'habitude d'assurer les marchandises qu'il confiait à la navigation maritime.

§ I. *Prix du transport proprement dit.* — Quant aux prix, ils variaient naturellement beaucoup suivant la distance et la nature du transport. Ils variaient aussi suivant le besoin plus ou moins grand que l'on avait des denrées à transporter. Les entrepreneurs de transports exigeaient en effet des salaires plus élevés, lorsque le besoin de ces denrées se faisait sentir d'une manière plus pressante.

En règle générale, on faisait venir par eau les grains que l'on consommait à Lyon ; car les voitures par terre revenaient beaucoup plus cher.

La navigation sur la Saône desservait les provinces de Bourgogne et de Franche-Comté ; les chargements se faisaient aux ports de Gray, Pontailler, Auxonne,

---

(1) GG. Chappe, IV, 461.
(2) Cf. Lettre du Consulat aux officiers municipaux de Montélimar, 2 avril 1771. AA. 131, f° 243.
(3) GG. Chappe, IV, 534.

Saint-Jean-de-Losne, Tournus, Mâcon ou Montmerle. Nous avons relevé quelques prix de transport : ils sont tous ramenés à l'unité de mesure de Lyon, l'ânée de 300 livres poids de marc et ne comprennent pas les droits fiscaux :

De Gray à Lyon......   54 sols en 1670 (1)
    —   ......   43 sols en 1695 (2)
    —   ......   61 sols en 1709 (3)
De Beaune à Lyon....   39 sols en 1676 (4)
De Tournus à Lyon....   22 sols 6 deniers (5)
De Mâcon à Lyon.....   10 sols en 1679 (6)
De Montmerle à Lyon.   10 sols en 1758 (7)

C'est également par la Saône qu'arrivèrent en 1709 les blés achetés pour l'Abondance en Lorraine et en Champagne ; de Mirecourt on les expédiait par voiture jusqu'à Monthureux-sur-Saône, puis de là on les embarquait jusqu'à Lyon : le transport par voiture coûtait 30 à 37 sols par ânée (8). Les voies de communication étaient alors dans un état tellement mauvais qu'on fit payer par l'Abondance des réparations aux chemins des environs de Mire-

---

(1) GG. Chappe, IV, 538, n° 50, 11 février 1670.
(2) GG. Chappe, IV, 534.
(3) GG. Chappe, IV, 495.
(4) GG. Chappe, IV, 538. n° 50, mars 1676.
(5) GG. Chappe, IV, 538, n° 50, 31 août 1677.
(6) GG. Chappe, IV, 538, n° 50, février 1679.
(7) GG. Chappe, IV, 520, n° 128.
(8) GG. Chappe, IV, 499, n° 61.

court pour pouvoir charrier ses blés plus facilement (1).

En 1748 et 1749, de grosses importations furent faites en provenance de l'Alsace ; le transport avait lieu par terre de Belfort à Auxonne au prix de 2 sols 6 deniers par sac de 202 livres (2) ; puis les blés étaient embarqués sur la Saône au port d'Auxonne.

C'est encore à la navigation fluviale que la ville de Lyon demandait de transporter les grains qu'elle achetait en Provence et en Languedoc ; les blés étrangers achetés soit en Italie, soit sur le port de Marseille, suivaient le cours du Rhône. En général, on chargeait les bateaux à Arles ou à Tarascon. Le prix de transport de l'une de ces deux villes jusqu'à Lyon était à peu près le même ; il variait de 7 livres par ânée en 1694 (3) à 8 livres 17 sols 6 deniers en 1709 (4). Lorsque de sérieux approvisionnements étaient tirés de ces provinces, les barques venaient à manquer, et les bateliers exigeaient des salaires plus élevés. Le Consulat, ne pouvant obtenir à prix d'argent un nombre de bateaux suffisant, rendait une ordonnance ainsi conçue : « Deffenses à tous voituriers par eau de charger leurs barques, coches, diligences et autres bateaux qui remontent sur le Rhône depuis la ville d'Arles jusques en celle-ci d'autres marchandises ni denrées que des blés qui sont destinés pour cette ville, dans la Provence,

---

(1) GG. Chappe, IV, 499, n° 61.
(2) GG. Chappe, IV, 513, n°⁸ 112, et 514, n° 115 *bis*.
(3) GG. Chappe, IV, 534.
(4) GG. Chappe, IV, 496, n° 54.

Languedoc et autres endroits du bas Rhône qui leur seront indiqués par les directeurs de l'Abondance ou par leurs commissionnaires ou préposés ; enjoignons aux dits voituriers de partir incessamment et sans délai pour satisfaire à notre présente ordonnance à peine contre les contrevenants de confiscation des dites barques, bateaux et équipages, de mille livres d'amende et de prison des patrons, le tout jusques à la main levée de nos deffenses » (1).

Pendant les dernières années de l'Abondance le fret sur le Rhône augmenta sensiblement. En 1770, d'Arles à Lyon, il se monte à 10 livres 5 sous par ânée (2), mais retombe à 9 livres en 1775 (3) ; comme, à cette époque, les blés achetés par l'Abondance étaient des blés étrangers pris sur le marché de Marseille, il fallait encore y ajouter le prix de la voiture de Marseille à Arles, soit environ 1 livre par ânée.

Si les blés venaient par terre de Marseille jusqu'à Lyon, le prix du transport était beaucoup plus élevé : il était, en 1770, de 18 livres par charge, soit environ 24 livres par ânée. Il est vrai que l'Abondance n'usa que très rarement de ce mode de transport. Les Genevois et les Suisses l'employaient pour-

---

(1) Ordonnance consulaire du 9 décembre 1708. BB. 268, f° 142. — Une ordonnance analogue avait été rendue pendant la disette de 1693. BB. 251, f° 82.

(2) Lettre du prévôt des marchands au contrôleur général, 25 octobre 1770. AA. 131, f° 223. Il cite le prix de 7 livres 14 sols par charge, ce qui correspond à 10 livres 5 sols par ânée.

(3) Lettre du Consulat au contrôleur général, 20 novembre 1776. AA. 132, f° 232.

tant à ce moment pour un parcours bien plus long (1).

On conçoit donc facilement quelle augmentation énorme le transport, alors même qu'il était effectué par eau, faisait subir au prix de revient des blés. Achetée à 38 livres à Marseille, l'ânée revenait à Lyon à 49 livres, sans compter les frais de déchargement et de commission pour les intermédiaires (2). Ces considérations justifiaient pleinement les doléances que le prévôt des marchands adressait au contrôleur général ; mais les instances du Consulat restaient vaines et l'abbé Terray refusait toujours à l'Abondance l'autorisation d'acheter du blé en Bourgogne. Le Consulat lui démontrait cependant l'avantage qu'il en aurait retiré : « Le prix de la voiture par la rivière de Saône, en tirant les blés de Bourgogne, Franche-Comté et autres provinces supérieures, est un objet d'environ 45 sols par ânée, y compris tous les droits qui se perçoivent sur la route, tandis qu'il sera de 12 livres, 15 livres, peut-être même 20 livres en les tirant de Marseille (3). »

§ II. *Droits fiscaux grevant le transport.* — Le coût du port proprement dit était encore augmenté par les multiples impositions que les marchandises devaient acquitter le long de la route. Les péages ou octrois étaient des taxes que devaient payer les bateaux sur les rivières, les voitures et les bêtes de somme sur les routes et sur les ponts ; ils étaient

---

(1) Lettre du 25 octobre 1770. AA. 131, f° 223.
(2) Id., ibid.
(3) Lettre du 1er novembre 1770. AA. 131, f° 224.

calculés sur le poids des marchandises transportées et s'appliquaient parfois même aux personnes. Ils représentaient à l'origine une sorte de dédommagement attribué à ceux qui construisaient ou entretenaient les voies de communication ; mais, ayant bientôt perdu ce caractère, ils n'étaient plus qu'une source de revenus pour des intérêts privés.

Sur la Saône, les bateaux amenant des grains de Bourgogne avaient à payer des péages de deux sortes : les uns, appelés octrois, appartenaient au roi ; les autres étaient perçus au profit de seigneurs, de communautés religieuses ou de simples particuliers. Un règlement imprimé à Lyon en 1672 (1) mentionnait sur le parcours de la Saône entre Gray et Lyon les huit octrois suivants : Pontailler, Auxonne, Saint-Jean-de-Losne, Seurre, Verdun-sur-le-Doubs, Chalon, Tournus et Mâcon. Ils subsistèrent jusqu'en 1778. Le tarif de ces octrois fut diminué à partir du 1er janvier 1697, par l'effet des lettres patentes du 14 septembre 1696 (2). Puis en 1764, le roi s'en

---

(1) Règlement général des péages et octroys qui se lèvent sur la rivière de Saône tant par eau que par terre, suivant les édits, déclarations et arrêts du Conseil de Sa Majesté. — Lyon, Jullieron, 1672. CC. 4050.

(2) Voici quel était pour les blés le tarif en vigueur en 1672. Ce sont les prix réduits à la mesure de Lyon, l'ânée.

Pontailler.......................		10 deniers
Auxonne......................	5 s.	5 —
St-Jean-de-Losne..................	2 s.	3 —
Seurre.........................	2 s.	
Verdun.........................	4 s.	
Chalon.........................	8 s.	
Tournus........................	2 s.	6 —
Mâcon.........................	10 s.	
	1 L 15 s.	

dessaisit au profit des Etats de Bourgoggne et les réduisit de nouveau (1). Quant aux péages, ce petit livre en signalait dix-huit sur le même parcours ; leur tarif était d'ailleurs beaucoup moins élevé que celui des octrois. Une commission de vérification instituée en 1724 en supprima un certain nombre (2) ; mais en même temps d'autres péages étaient établis, celui de l'Ile-Barbe par exemple (3).

La situation sur le Rhône était à peu près semblable ; en 1688, on comptait vingt-sept péages entre Arles et Lyon (4).

Il serait très difficile d'indiquer avec exactitude le montant des taxes payées pour les blés à tous ces octrois et péages. La comptabilité de l'Abondance ne donne pas à cet égard les renseignements précis que nous espérions y trouver. Pour la Saône, les droits sont groupés tantôt sous la rubrique « octrois de la Saône » (5), tantôt sous celle de « octrois de Chalon » (6). Ils sont toujours beaucoup plus élevés

---

Les lettres patentes de 1696 réduisirent ce tarif de 25 % environ, de sorte que l'ânée ne payait plus que 1 livre 6 sols 5 deniers à ces 8 octrois. Ce dernier tarif subsista jusqu'en 1764. CC. 4050.

(1) AFANASSIEV, *op. cit.*, pp. 121 et 122, note 2.
(2) ID., *ibid.*, pp. 127 et 128 : elle supprima 2.120 péages pour toute la France.
(3) Ce péage, créé en 1722, subsista jusqu'en 1769. CC. 4057.
(4) Tariffe et manière de lever les péages le long de la rivière du Rhône depuis Lyon jusques en la mer, tant par eau que par terre et au travers. — Lyon, Jullieron, 1688. CC. 4050.
(5) GG. Chappe, IV, 520, n° 128.
(6) GG. Chappe, IV, 520, n° 130 *bis*. Les droits à payer aux 8 octrois de la Saône pouvaient être versés au premier bureau devant lequel les blés passaient. On délivrait dans ce cas au batelier « un brevet de contrôle »

que ceux des péages. Au début du XVIIe siècle, le total de tous ces droits était évalué au double du prix de transport entre Auxonne et Lyon (1). En 1759, il restait encore légèrement supérieur au port seul (2).

Les tarifs des péages du Rhône étaient un peu moins élevés. D'après un rapport de l'intendant de Lyon en 1694, le transport des grains d'Arles à Lyon coûtait de 6 à 7 livres par salmée (3) et les péages revenaient à 4 livres (4).

Nous n'avons pas d'ailleurs la prétention d'élucider toute la question des péages du Rhône et de la Saône ; leur nombre, la différence de leurs tarifs, la variété des mesures et des monnaies indiquées sur leurs pancartes rendraient cette étude particulièrement longue et difficile. Qu'il nous suffise de constater que les octrois de la Saône doublaient au moins le prix de transport des blés entre la Bourgogne et Lyon et que les péages du Rhône augmentaient des deux tiers environ celui des ports entre la Provence et Lyon. Ils étaient donc une lourde entrave pour le commerce des grains.

---

sur papier timbré qu'il remettait au dernier bureau, c'est-à-dire à Mâcon. GG. Chappe, IV, 506, n° 95. Au XVIIIe siècle, ces droits étaient très fréquemment acquittés au moyen d'une traite à vue sur le trésorier de l'Abondance à Lyon. GG. Chappe, IV, 510, n° 104.

(1) Rapport du prévôt des marchands du 8 octobre 1703, cité par AFANASSIEV, op. cit., p. 122.

(2) Dans un compte de 1759, le transport de Gray à Lyon est calculé à 3 l. 5 sols, et les octrois de la Saône, à 3 livres 6 sols par émine. Il faut y ajouter les péages à 3 s. environ. L'émine de Gray valait 15 bichets de Lyon, soit 2 ânées et demie. GG. Chappe, IV, 520, n° 130 bis.

(3) La salmée contenait 1 hectol. 99 litres.

(4) AFANASSIEV, op., cit., p. 123, note 2.

Cette situation suscita fréquemment les réclamations des négociants lyonnais ; l'une d'elles visait spécialement le droit de 10 sols par ânée de blé traversant Mâcon (1). Mais, comme tant d'autres pétitions, elles n'eurent aucun succès. A la veille de la Révolution, les octrois de la Saône et certains péages du Rhône subsistaient encore. Il y avait eu cependant au cours des XVIIe et XVIIIe siècles des dégrèvements successifs, soit par la suppression de quelques-uns d'entre eux, soit par la diminution des tarifs.

§ III. *Droits fiscaux payés pour les grains à leur entrée à Lyon.* — Nous venons de suivre les blés de l'Abondance en indiquant les taxes qu'ils devaient acquitter entre le port d'embarquement et celui d'arrivée. De nouveaux droits ne les attendaient-ils pas à leur entrée à Lyon ?

La douane de Lyon les laissait passer en franchise : car les vins et les grains n'y étaient pas soumis (2). Les blés de l'Abondance ne payaient pas non plus le « droit de cartelage ». Ce dernier, appelé aussi « couponnage », appartenait par indivis à l'Archevêque et aux chanoines du Chapitre de l'Eglise de Lyon. Il consistait dans la trente-deuxième partie des grains, noyaux, noix, châtaignes et autres denrées de pareille nature amenés à Lyon pour y être débités dans les marchés publics. Les titulaires de

---

(1) Délib. consul. du 13 octobre 1637. BB. 191, f° 181.
(2) Cf. *Le régime douanier de Lyon au* XVIIe *siècle*, par M. S. CHARLÉTY, dans la *Revue d'Histoire de Lyon*, 1902-1903, t. I, p. 487, et II, p. 125.

ce droit énuméraient dans leurs titres de propriété une bulle d'or de Barberousse de 1157, cédant à l'Eglise de Lyon tous les droits royaux qu'il avait sur cette ville, et un traité conclu avec Philippe le Bel en 1307 (1) ; ils soutenaient même qu'à l'origine les Lyonnais y étaient assujettis aussi bien que les forains (2). Mais l'ancien archiviste Chappe affirme que « les habitants de Lyon en ont toujours été exempts » (3). Il est certain qu'une sentence de la sénéchaussée de Lyon, rendue en 1579, leur reconnaissait ce privilège (4). Pour la période qui nous occupe, les marchands forains y étaient donc seuls soumis.

Le droit de cartelage, d'abord perçu en nature, fut ensuite payé en argent à raison de 3 sols par ânée de blé. Ses bénéficiaires s'abstinrent provisoirement de l'exiger, conformément à la déclaration du roi du 27 avril 1709, qui avait « suspendu la levée des droits qui se perçoivent en espèces sur les grains » (5). Mais une nouvelle déclaration du roi, du 14 mai 1709, permit « aux seigneurs ecclésiastiques ou laïcs de continuer la levée des dits droits, non plus en espèces, mais en argent suivant l'évaluation faite par le lieutenant général de la sénéchaussée, sur le pied du plus haut prix que les grains, farines et légumes

---

(1) Mémoire à consulter, Bibliothèque de la Ville, Fonds Coste, n° 110.632 pp. 2 et 3.
(2) Id., ibid., pp. 4 à 7.
(3) Inventaire Chappe, t. III, f° 353.
(4) Id., ibid.
(5) GG. Chappe, IV, 475.

auront été vendus dans chaque lieu le premier jour de marché de la présente année » (1).

L'archevêque et les chanoines obtinrent le 29 mai une ordonnance de la sénéchaussée qui fixait le droit de cartelage à 2 sols 11 deniers par bichet, soit 17 sols 6 deniers par ânée (2). Les marchands forains protestèrent immédiatement contre cette énorme augmentation et demandèrent l'intervention du Consulat ; celui-ci y consentit et forma opposition (3). Le droit fut réduit à 4 sols par ânée dès le 16 juin 1709 (4).

Comme tous les habitants de Lyon, l'Abondance jouissait du privilège d'exemption ; elle ne payait pas le droit de cartelage. Les titulaires du droit avaient cependant émis la prétention de l'exiger des marchands et boulangers de la ville ; mais en 1731 ceux-ci furent maintenus par la sénéchaussée dans leur franchise (5). Il y eut appel de cette sentence au Parlement, et, l'affaire ayant été évoquée par le Grand Conseil, celui-ci rendit un arrêt qui confirmait le premier jugement (6).

De leur côté, les marchands forains saisissaient toutes les occasions possibles pour se soustraire au

---

(1) GG. Chappe, IV, 475.
(2) Id., ibid.
(3) Id., ibid.
(4) GG. Chappe, IV, 496, n° 53.
(5) Nous n'avons trouvé dans toute la comptabilité de l'Abondance qu'une seule mention du cartelage pour le deuxième trimestre de 1709. Nous supposons que cette pièce justificative se trouve là par erreur. GG. IV, 496, n° 53.
(6) Sentence de la sénéchaussée de Lyon du 11 mai 1731. Chappe, III.

paiement du cartelage. Ils crurent la trouver, lorsqu'un arrêt du Conseil du 10 novembre 1739 exempta les « blés des droits de péage, passage, pontonnage... et de tous autres droit généralement quelconques » (1). Mais, le 18 décembre de la même année, l'intendant s'empressa de rendre une ordonnance pour affirmer que le cartelage serait payé « sur les blés et autres denrées sur le même pied » (2).

La déclaration libérale du 25 mai 1763 n'entraîna pas non plus la suppression de cette taxe. Son article 3 contenait en effet ces mots : « sans préjudice des droits de hallage, minage et autres droits de marché qui continueront à être perçus en la manière accoutumée ». Le Parlement de Paris, devant lequel les contestations furent portées, maintint l'Archevêque et les chanoines, comtes de Lyon, dans leur possession (3). Le droit de cartelage subsista donc jusqu'à la Révolution.

En tout cas, si l'Abondance n'avait pas à le payer, elle était bien obligée d'acquitter les droits de mesurage. C'est un édit de Charles IX qui, en janvier 1569, avait créé « dans toutes les villes et bourgs où il y avait foires et marchés » des offices de mesureurs de blé (4). Ils étaient chargés de peser ou de

---

(1) Arrêt du Grand Conseil du 26 septembre 1743. Chappe, III, 353.
(2) AFANASSIEV, op. cit., p. 130.
(3) Arrêt de la Cour du Parlement du 20 décembre 1769. Bibliothèque de la ville, Fonds Coste, n° 110.637.
(4) Edit de janvier 1697. BB. 434.

mesurer les blés vendus et de surveiller la bonne foi des transactions ; leur salaire était fixé par l'édit à 2 deniers par boisseau de froment et 1 denier seulement pour les autres grains. Mais dans plusieurs villes les seigneurs ou les échevins se mirent en possession des droits attribués aux mesureurs.

A Lyon, c'était le Consulat qui les nommait (1). En 1605, il les réduisit au nombre de seize. Pourtant, dans la suite, des lettres de provision furent accordées à d'autres mesureurs. En 1660, comme ils étaient trop nombreux pour le travail qu'ils avaient à faire — il y en avait alors vingt-deux — le Consulat décida qu'une moitié serait occupée chaque semaine (2). L'année suivante, on choisit un autre mode de roulement ; cinq mesureurs seulement travaillaient chaque mois, de sorte que leur tour ne revenait qu'une fois tous les quatre mois ; les deux derniers étaient chargés de tenir les comptes et de recevoir l'argent provenant des mesurages ; on le mettait « dans une bourse commune pour être ensuite partagé entre les dits 22 mesureurs par égale part et portion » (3).

Leur tarif était alors de 1 sol par ânée pour les marchands forains et de 9 deniers pour les négociants et les boulangers de la ville (4). Ce prix ne représentait qu'un salaire raisonnable.

---

(1) Chappe, XIV, 405.
(2) Délib. cons. du 3 février 1660. BB. 434.
(3) Délib. cons. du 2 juin 1661. BB. 216, f°⁸ 176-178, confirmée par une délib. cons. du 12 septembre 1669. BB. 224, f° 173.
(4) Ce tarif fut modifié provisoirement en 1693 ; le prix de 1 sol par ânée fut appliqué à tout le monde du 8 janvier au 1ᵉʳ novembre 1693. Délib. cons. du 8 janvier 1693. BB. 251, f° 13.

L'édit de janvier 1697 modifia la situation des mesureurs de grains non seulement à Lyon, mais dans toute la France ; il supprima en effet tous les offices de mesureurs, quelle qu'en fût l'origine, à l'exception de ceux de Paris, et les remplaça par de nouvelles charges héréditaires de jurés-mesureurs royaux. Tous les offices d'une même ville pouvaient être achetés par un seul particulier « ou par les seigneurs des lieux, tant laïques qu'ecclésiastiques, ou par les maires, échevins et communautés » (1). La ville de Lyon profita de la faculté que lui laissait cet édit ; elle fournit au trésor royal « 90.000 livres pour la finance de l'union et incorporation au corps consulaire des offices de jurés mesureurs de bleds » (2) ; l'opération fut approuvée par un arrêt du Conseil d'Etat du 23 avril 1697 et le tarif du mesurage à Lyon fut porté à 2 sols 9 deniers par ânée en concordance avec celui de Paris (3).

Pour organiser ce nouveau service, le Consulat nomma un directeur des mesureurs de blé et 30 mesureurs qui devaient « jouir en bourse commune de la moitié des droits attribués aux dits offices par l'édit de création » (4). Le directeur devait faire la recette

---

(1) AFANASSIEV, op., cit., p. 46.

(2) Mémoire du prévôt des marchands adressé en 1697 au contrôleur général. A deux reprises le gouvernement réclama à la ville de Lyon « des suppléments de finances pour être confirmée dans la propriété des offices de mesureurs ».

Malgré ses protestations, le Consulat dut payer au Trésor 9.900 livres en 1705, et 12.600 livres en 1707. Le prix total d'acquisition était ainsi porté à 112.700 livres. BB. 434.

(3) BB. 434.

(4) Délib. cons. du 25 juin 1697. BB. 255, f° 79.

des droits de mesurage et en remettre la moitié au receveur de la ville.

En somme, le trésor royal y avait gagné le prix payé par le Consulat en échange des offices créés ; d'autre part, la ville comptait amortir rapidement cette dépense, en touchant chaque année la moitié des droits perçus ; quant au public, c'est lui qui allait payer un nouvel impôt, puisque les droits de mesurage étaient presque triplés (2 sols 9 deniers au lieu de 1 sol) et que le service n'était pas mieux fait par les nouveaux mesureurs que par les anciens.

L'opération ne fut pas d'ailleurs aussi brillante que l'avait espéré le Consulat ; elle lui causa au commencement bien des déboires. Les trente mesureurs pouvaient à peine vivre avec leur salaire. Ils demandèrent bientôt que les deux tiers des droits perçus leur fussent réservés. Le Consulat accepta pour tout le temps qui s'écoulerait jusqu'à ce que leur nombre fût ramené à vingt-deux par l'effet des décès et des démissions (1). Il fut encore obligé de leur remettre une partie de la dette que les mesureurs avaient contractée envers la ville (2). Enfin, en 1714, il accorda pour deux ans aux mesureurs les deux tiers des droits perçus « et le produit entier du sol par ânée du second mesurage » (3). Il y avait, en effet, un tarif réduit de 1 sol par ânée pour les marchands qui revendaient leurs blés ; à l'entrée dans leur greniers,

---

(1) Délib. cons. du 16 février 1700. BB. 259, f° 31.
(2) Délib. cons. du 10 décembre 1705. BB. 265, f° 159.
(3) Délib. cons. du 20 décembre 1714. BB. 275, f° 232.

ils payaient le droit habituel ; au moment de la vente, ils payaient seulement le tarif réduit ; c'était le cas le plus ordinaire pour les blés de l'Abondance, qui ne sortaient des greniers qu'au bout de quelques mois. Elle devait donc payer les deux mesurages, le premier, à raison de 2 sols 9 deniers, le second à raison de 1 sol par ânée, qui ne représentait guère que le salaire de la main d'œuvre.

En 1752, un arrêt du Conseil d'Etat supprima par économie les deux charges de directeur et de contrôleur des mesureurs de grains (1). Il ordonnait en outre « qu'il serait procédé par-devant M. l'intendant de Lyon à l'adjudication au plus offrant et dernier enchérisseur des droits attribués aux mesureurs de grains en conséquence de l'édit de 1697 ».

Celle-ci fut passée le 22 janvier 1753 pour une durée de neuf années au profit du sieur Blondau, moyennant le prix de 17.800 livres par an (2). Cette transformation, qui semblait très avantageuse pour la ville, devint bientôt une source de difficultés. Les anciens mesureurs dépossédés firent un procès au Consulat devant la sénéchaussée, « pour obtenir restitution des finances qu'ils prétendent avoir payées

---

(1) Arrêt du Conseil d'Etat du 19 décembre 1752. BB. 435. Le contrôleur n'avait pas d'autre salaire que celui des mesureurs ; seul le directeur recevait du Consulat un traitement de 1.000 liv. par an et, depuis 1706, 150 livres pour frais de bureau ; auparavant il jouissait du logement d'une tour située le long du Rhône près la place des Cordeliers. BB. 265, f° 123.

(2) L'adjudicataire avait fait une enchère trop forte. La moitié des droits de mesurage perçue au profit de la ville de 1733 à 1752 s'était élevée à 194.965 livres, soit en moyenne à 9.748 livres par an. Chaque mesureur gagnait donc environ 500 livres par an. BB. 434.

lors de leurs commissions » (1). L'affaire traîna en longueur ; treize ans plus tard, le prévôt des marchands proposa à chacun d'eux « une pension viagère de 150 livres » ; il n'en restait d'ailleurs « que huit ou neuf d'un âge assez avancé » (2).

En outre, le public se plaignait de ce que le service était moins bien exécuté qu'auparavant. Mais le plus grave, c'était que Blondau n'avait pas payé régulièrement le prix de sa ferme. Au bout de ces neuf années, il restait débiteur de 55.951 livres (3). Il est vrai que l'adjudicataire réclamait de son côté au Consulat une somme de 18.391 livres, qui représentait le montant des droits de mesurage des blés de l'Abondance. Il avait la prétention d'appliquer le tarif le plus fort, soit à l'entrée des blés dans les greniers de la ville, soit à leur sortie au moment de la vente aux boulangers. Enfin, le Consulat transigea six ans plus tard et paya 10.000 livres à Blondau (4).

Dès que le bail fut expiré, et sans attendre l'autorisation du gouvernement, la ville revint à l'ancien état de choses ; elle reprit en 1762 la régie des droits de mesurage. Mais elle ne la conserva pas très longtemps.

A cette époque, les physiocrates commençaient à prendre de l'influence. Les partisans de la liberté absolue du commerce des grains devenaient plus

---

(1) BB. 332, f° 79.
(2) Lettre du Consulat au contrôleur général, 5 février 1765. AA. 131, f° 163.
(3) BB. 435.
(4) Délib. cons. du 22 décembre 1768. BB. 336, f°˚ 105-109.

nombreux. Les ministres au pouvoir cherchaient à débarrasser les marchés des entraves qui les gênaient. Ce fut sous l'inspiration de ces doctrines que l'édit d'avril 1767 (1) annonça la suppression des offices des mesureurs dans tout le royaume. Mais il fallait indemniser les propriétaires qui les avaient achetés. Le contrôleur général L'Averdy décida qu'il ferait exploiter au compte du Trésor les charges supprimées et qu'il en emploierait le revenu à la liquidation de ces charges ; ainsi furent rendus les arrêts des 18 mai et 9 juin 1767 et du 16 janvier 1768 (2) et l'édit d'avril 1768, par lequel le roi se réservait la perception des droits de mesurage « jusques et y compris l'année 1774 » (3).

Le Consulat, dépossédé des offices pour lesquels il avait versé au Trésor 112.700 livres de 1698 à 1707, demanda au gouvernement le remboursement de cette somme (4).

Dans un long mémoire adressé au contrôleur général, il proteste contre les prétentions des régisseurs pour le compte du roi qui veulent « assujettir les prévôt des marchands et échevins au paiement de ces droits, tant pour les grains qui entrent dans leurs greniers, que pour ceux qui en sortent ». En outre, il fait remarquer que les blés arrivent « dans des sacs ficelés et plombés » et que la ville ne retire aucun bénéfice de la gestion des greniers d'abondance.

---

(1) AFANASSIEV, op., cit., p. 48.
(2) ID., ibid.
(3) GG. Chappe, IV, 461.
(4) Id., ibid.

Enfin, il supplie que le droit de mesurage soit compensé avec les intérêts de la somme que le Consulat avait payée pour l'acquisition des offices de mesureurs, si le contrôleur général en refuse le remboursement immédiat (1). Ces arguments n'ont pas grande valeur. Le Consulat, en transigeant l'année précédente avec l'ancien adjudicataire, s'était reconnu redevable au moins des droits du premier mesurage. Nous ignorons la réponse du gouvernement à cette requête. La disparition des derniers comptes ne nous a pas permis d'éclaircir cette question.

Après avoir été mesurés à la sortie des barques qui les avaient transportés, les blés de l'Abondance pénétraient enfin dans les greniers qui leur étaient réservés. Leur déchargement était assuré par la corporation des crocheteurs : ceux-ci avaient le privilège de porter en ville tout le blé qui arrivait par la Saône. Ce monopole, établi en 1697 à leur profit (2), leur fut retiré en 1741 (3). Désormais le déchargement des bateaux de blés devint absolument libre. Le tarif variait de 3 à 5 sols par ânée suivant l'étage auquel il fallait monter les sacs (4).

Ce n'était donc pas sans difficulté que l'Abondance parvenait à se procurer des blés et à les faire conduire

---

(1) Mémoire adressé au contrôleur général par les prévôt des marchands et échevins, 1769. GG. Chappe, IV, 461. — Cf. dans le même sens une lettre du Consulat au contrôleur général, 4 décembre 1770 (AA. 131, f°s 228-229), et une autre lettre à l'intendant, 27 octobre 1769. AA. 131, f° 207.

(2) Délib. cons. du 4 juin 1697. Cité BB. 257, f° 73.

(3) Délib. cons. du 16 février 1741. BB. 306, f° 38.

(4) G. Chappe, IV, 520 et 521, n°s 127 et 132.

jusqu'à Lyon. Nous avons indiqué les obstacles de toutes sortes qui s'opposaient à leur acheminement rapide jusqu'à la ville où ils devaient être consommés. Nous avons montré surtout quels frais énormes leur transport nécessitait à cause des octrois de la Saône et des péages du Rhône ; à Lyon même, il fallait encore payer les droits de mesurage.

Lorsque cet approvisionnement était arrivé à Lyon, la mission de la Chambre d'abondance n'était point terminée : son rôle ne consistait pas, du moins en temps normal, à fournir la subsistance des habitants en vendant ses blés au fur et à mesure de leur arrivée ; elle devait, au contraire, mettre de côté d'importantes réserves de grains auxquelles on pourrait avoir recours pendant les années stériles, afin d'atténuer les misères d'une disette. Des greniers étaient indispensables.

Section III. — **Conservation des blés.**

§ I. *Greniers loués à des particuliers* (1643-1672). — Lorsque les assemblées des notables fondèrent à titre provisoire la Chambre d'abondance, elles lui laissèrent le soin de trouver des entrepôts pour ses grains. De vastes greniers n'étaient pas encore nécessaires, puisque les intendants, nommés pendant une période de cherté des grains, n'avaient pas à entretenir de réserves permanentes. Des magasins loués à divers particuliers leur suffisaient donc pour les quelques jours ou les quelques semaines qui s'écoulaient avant la vente. En 1630 et en 1636, les directeurs n'eurent pas de peine à trouver quelques locaux disponibles à proximité de la Saône. L'ancienne chapelle des Pénitents blancs à Saint-Bonaventure et le réfectoire du grand couvent des Carmes (1) servirent d'entrepôts.

Lorsque, en 1643, les notables décidèrent l'établissement perpétuel d'une Chambre d'abondance, les intendants continuèrent les usages de leurs prédécesseurs. Ils louèrent quelques greniers dans le quartier Saint-Vincent et dans la maison de la Grenette qui appartenait au chapitre de l'Eglise de Lyon (2). Il serait trop long d'énumérer la liste complète de tous les magasins loués par la Chambre d'abondance pendant la première période de son existence. Il y en avait six en 1653 (3) et quinze en 1668 (4). Qu'il nous suffise de citer les plus vastes et les plus commodes : c'étaient ceux des Cordeliers de Saint-Bonaventure et de l'Observance, celui des Jacobins du Couvent de Notre-Dame de Confort et celui des Prieurs de la Platière. Ainsi l'on avait recours le plus souvent aux communautés religieuses.

C'est seulement en 1670 que se manifeste clairement l'intention de construire des greniers exclusivement réservés à l'Abondance. Les directeurs font valoir les économies que doit produire cette innovation. Le procès-verbal de leur délibération du 3 oc-

---

(1) GG. Chappe, IV, 538, n° 49, 2 octobre 1636.
(2) GG. Chappe, IV, 460.
(3) Id., ibid.
(4) Id., ibid., 461.

tobre 1670 développe cet argument : « Ayant considéré que rien n'était si nécessaire pour l'avantage de l'Abondance que de faire construire des greniers publics pour y pouvoir fermer les blés ainsi qu'il s'est pratiqué pour ceux de l'Aumône Générale, et qu'outre cette sûreté l'on diminuerait notablement la dépense qui se fait annuellement, tant pour le louage des greniers où sont présentement les dits grains qui sont au nombre de trente-deux, situés en divers endroits de la ville éloignés les uns des autres, que pour le tournage et le remisage des dits grains et autres frais, particulièrement si une pareille construction se faisait en quelque endroit près de la rivière de Saône, commode au déchargement des dits blés, qui coûte beaucoup présentement à cause de la distance desdits greniers des ports où abordent les bateaux sur lesquels sont chargés lesdits grains... (1). »

Les directeurs résolurent donc de chercher un terrain convenable et envoyèrent une délégation pour en conférer avec Mgr l'archevêque, Camille de Neuville, lieutenant général de Sa Majesté. Celui-ci leur proposa « un grand jardin dépendant de l'Archevêché, situé auprès de la rivière de Saône entre la porte de Vaise et le Couvent de l'Observance, qui était assez grand et spacieux et pouvait bien être propre pour y construire lesdits greniers, duquel jardin il passerait abénévis sous une pension annuelle » (2). Le terrain fut trouvé commode. Chaque

---

(1) Délibération de la Chambre d'abondance du 3 octobre 1670. GG. Chappe, IV, 538, n° 50.
(2) GG. Chappe, IV, 538, n° 50.

directeur offrit de prêter les sommes qui seraient nécessaires ; le Consulat approuva la résolution, promit de verser, comme pour les achats de blé, sa part du onzième des frais de construction et s'engagea à garantir un intérêt de 5 % aux avances des intendants (1). A leur réunion suivante, ceux-ci se déclaraient prêts à « exécuter ponctuellement ce qu'ils ont promis auxdits sieurs prévôt des marchands et échevins aux conditions dessus exprimées » (2).

Ce projet paraissait fermement décidé. Il ne fut cependant jamais exécuté. Quelles sont les raisons qui le firent si rapidement tomber dans l'oubli ? Il serait bien difficile de le dire, puisqu'on n'en trouve plus aucune mention, ni dans les délibérations de la Chambre d'abondance, ni dans celles du Consulat. On peut supposer toutefois que les directeurs reculèrent devant les frais d'une nouvelle construction. Ce n'est pas l'acquisition du terrain qui les arrêtait ; elle ne paraissait pas onéreuse sous la forme d'une pension annuelle.

Cependant, si l'Abondance renonçait provisoirement à bâtir des greniers, il fallait bien trouver une solution. Il était fort incommode d'avoir plus de trente entrepôts à des emplacements si divers. Les frais de déchargement étaient trop coûteux : puis, c'était une perte de temps pour les employés chargés de l'entretien des greniers et de la surveillance des

---

(1) Délib. cons. du 3 octobre 1670. BB. 226, f° 166.
(2) Délibération de la Chambre d'abondance du 8 octobre 1670. GG. Chappe, IV, 538, n° 50.

blés (1). Pour éviter ces inconvénients, il suffisait d'acheter un immeuble assez vaste pour contenir les blés de l'Abondance. Cette solution était moins dispendieuse que la construction d'un grand bâtiment.

§ II. *Bâtiments achetés par le Consulat pour servir de greniers d'abondance* (1672-1728). — Le Consulat fut servi par les circonstances. Le comte de Montribloud lui offrit en effet la maison qu'il possédait au quartier de Pierre-Scize ; deux échevins furent chargés de la visiter « en compagnie du commis à la voirie et des maîtres jurés maçons et charpentiers de ladite ville » (2). Elle fut estimée de dix-huit à vingt mille livres, et le Consulat constitua au vendeur par contrat du 23 février 1672 « une pension viagère de 2.400 livres par an » (3). C'est ainsi qu'à cette époque le Consulat réglait ses acquisitions.

L'immeuble vendu par M. de Montribloud comprenait deux corps de logis séparés par une cour et un grand jardin. Le premier, sur la rue Pierre-Scize, « était composé d'un rez-de-chaussée sur caves et de trois étages, desservis par un escalier à vis en pierre de taille ; le second, qui faisait face sur le jardin, n'avait que deux étages » (4). C'est cet immeuble,

---

(1) On s'aperçut, en février 1673, qu'un grenier mal entretenu, loué chez les dames de Saint-Benoît, laissait descendre une partie du blé qu'il contenait dans un grenier de l'étage inférieur loué par un boulanger ; il manquait alors 16 ânées. GG. Chappe, IV, 461.

(2) Délib. cons. du 28 janvier 1672. BB. 228, f° 32.

(3) Délib. cons. du 18 février 1672. BB. 228, f° 38.

(4) Délib. cons. du 9 juillet 1728. BB. 292, f° 95. Voir le plan de cette maison, Chappe, XVI, 360.

d'abord appelé « maison peinte », qui servit de grenier pendant plus d'un demi-siècle. Quoique assez vaste, il ne pouvait cependant pas suffire à contenir tous les blés de l'Abondance. Il fallait encore louer à certaines époques de l'année d'autres entrepôts. Une nouvelle acquisition paraissait donc nécessaire.

Quatre ans plus tard, par contrat du 18 septembre 1676, le Consulat acheta une seconde maison dans le même quartier.

Elle était située sur la rue de Bourgneuf (1) et consistait pareillement en deux corps de logis de trois étages ; elle était confinée au midi « par les roches de Thunes et le mur des Pères Carmes Déchaussés » (2). Cette maison, « où pendait pour enseigne un cygne », fut d'abord appelée la « maison du cygne » ; à partir de 1692, on lui donna souvent le nom de « Grande Abondance », tandis qu'on réservait celui de « Petite Abondance » au grenier de la « maison peinte » achetée à M. de Montribloud.

Cette solution du problème des greniers semblait satisfaisante, puisque les directeurs avaient à leur disposition des entrepôts beaucoup plus commodes que ceux dont ils avaient dû se contenter jusqu'alors. L'emplacement de ces deux immeubles, très rapprochés l'un de l'autre, permettait une surveil-

---

(1) La rue de Bourgneuf, comme la rue Pierre-Scize qu'elle prolongeait en venant de Vaise, était parallèle à la Saône et n'en était séparée que par les maisons qui bordaient la rivière ; ces deux greniers se trouvaient donc un peu en retrait du quai Pierre-Scize actuel, entre la passerelle Saint-Vincent et la statue de l'homme de la Roche.

(2) BB. 292, f° 95. Le Consulat la paya 25.000 livres. Chappe, XVI, 360-361.

lance facile ; le déchargement des blés y était assez aisé, vu la proximité de la Saône. Enfin, comme ces maisons appartenaient à la ville, la Chambre d'abondance n'avait point de location à payer, ce qui diminuait d'autant ses frais généraux. L'acquisition de ces deux greniers réalisa donc une sérieuse amélioration.

Jusqu'aux dernières années du XVIIe siècle, la grande et la petite Abondance furent assez vastes pour contenir l'approvisionnement normal que les directeurs décidaient de faire chaque année. Mais, à la suite de la disette de 1694, la Chambre d'abondance, dont les nouveaux règlements venaient d'étendre la mission, reconnut l'insuffisance de ces deux bâtiments. En 1699, elle fut obligée de louer un grenier à la Quarantaine (1) ; en 1708, elle entreposa des blés, soit dans la maison de la Grenette (2), soit aussi dans « la maison de la Butte » (3), qui servait de logement au capitaine de la compagnie des arquebusiers. Ce dernier obtint, comme dédommagement pour cette privation de jouissance, une somme annuelle de 300 livres (4).

Enfin, la disette de 1709, en obligeant le Consulat à se procurer des approvisionnements considérables, vint démontrer que ses greniers de Bourgneuf étaient

---

(1) GG. Chappe, IV, 535.
(2) GG. Chappe, IV, 495.
(3) Cette maison était située « sur le boulevard Saint-Jean le long de la rivière de Saône » ; elle occupait un emplacement contigu à celui que le Consulat devait choisir en 1722 pour la construction des nouveaux greniers d'abondance.
(4) Acte cons. du 19 février 1709. BB. 270, f° 27.

trop petits. Ils avaient une contenance de huit à dix mille ânées, tandis que la consommation totale de la ville dépassait certainement 100.000 ânées par an. Le Consulat, convaincu de leur insuffisance, ne songea pas à acheter un autre immeuble que l'on aurait facilement transformé en entrepôt de grains. Il forma des rêves plus grandioses ; voulant avoir un seul bâtiment plus pratique, il résolut de construire un immense grenier.

§ III. *Les greniers d'abondance de Serin* (1728-1777). — Cette intention, qui s'était déjà manifestée en 1670 par un projet aussi vite oublié qu'il avait été rapidement élaboré, apparaît de nouveau dans un mémoire anonyme et sans date, classé aux archives parmi les mémoires concernant la disette de 1709, mais qui, d'après les prix du blé qu'il indique, a dû être composé entre 1716 et 1718. Son auteur, partisan enthousiaste des greniers publics, puisqu'il veut charger l'Abondance de toute la fourniture des boulangers et supprimer tous les marchands de blé de la ville, demande la construction de greniers pouvant contenir environ 30.000 ânées et propose un emplacement au Port-Neuville, « où il y a un espace suffisant et très commode pour le chargement des blés » (1).

L'idée fit son chemin rapidement. Dès 1720, sur les instances du secrétaire de la ville, Camille Perrichon, envoyé à Paris pour s'occuper des affaires

---

(1) Mémoire pour éviter la disette à l'avenir. GG. Chappe, IV, 454.

communales, le Consulat obtint un arrêt du Conseil qui ordonnait le remboursement des dettes de la ville et lui accordait « la permission d'emprunter jusqu'à concurrence de 5.600.000 livres tant pour ledit remboursement que pour la construction des greniers d'abondance et de la loge du Change » (1). Le Consulat comptait même faire commencer les travaux pendant l'hiver 1720-1721, ainsi qu'il l'écrivait au gouverneur de la province (2) : mais il survint des difficultés financières à propos d'un nouvel octroi sur les soies et sur le vin, qui causèrent quelque retard. Lorsqu'elles furent réglées par un édit de janvier 1722, le Consulat se mit à l'œuvre.

Il fallait d'abord choisir l'emplacement définitif. Parmi les divers terrains proposés, il rejeta tous ceux qui n'appartenaient pas à la ville, afin d'éviter « de faire des acquisitions nouvelles et toujours plus dispendieuses pour une communauté que pour un particulier » ; il leur préféra « une partie de l'emplacement appelé de la Butte, près des portes d'Halincourt, dont la propriété appartient au Consulat et dont l'usage a été destiné jusqu'à présent aux exercices de l'arquebuse » (3). Des plans et des élévations furent dressés par Claude Bertaud, voyer et ingénieur

---

(1) Arrêt du Conseil du roi du 20 mai 1720. BB. 282, f° 137.

(2) « Nous ferons aussi travailler cet hiver aux fondations des greniers pour occuper un nombre d'ouvriers ». Lettre du Consulat au Maréchal de Villeroy, 10 novembre 1720. AA. 129, f° 84.

(3) Délib. cons. des 5 mars et 9 novembre 1722. BB. 285, f°s 34 et 128.
— Nous nous excusons d'exposer si longuement les détails de la construction des greniers de Serin ; ils sont si peu connus que nous n'avons pas cru devoir les passer sous silence.

de la ville, et approuvés par le Consulat. L'adjudicacation de l'entreprise, d'abord fixée au 12 novembre 1722, fut renvoyée au 17 et finalement au 24 novembre. Ce jour-là, un architecte, Pierre de Gérando, demanda la somme de 170.000 livres pour la construction entière et parfaite des greniers d'abondance. Deux autres entrepreneurs proposèrent des prix à la toise. Le Consulat préféra ce dernier système et l'adjudication fut passée le 24 novembre au nom d'Etienne Fahy pour la maçonnerie et de Claude Perrache pour la charpente (1). Le Consulat commit une faute, en rejetant la proposition de Pierre de Gérando, qui aurait construit les greniers à forfait pour 170.000 livres, tandis qu'ils coûtèrent presque le double, soit 317.621 livres (2).

La construction, commencée en décembre 1722, ne fut achevée que dans les premiers mois de 1728. Cet immense bâtiment de trois étages « avait une longueur de 330 pieds de vent à bise, une largeur de 41 pieds de matin à soir et une hauteur de 50 pieds depuis le rez-de-chaussée à plain-pied du quai qui est au-devant jusques au-dessous du comble » (3). Il a vingt-cinq fenêtres sur les façades et cinq sur les côtés ; il est divisé en deux parties égales par un bel escalier central en pierre de taille. « Cette partie centrale du

---

(1) BB. 285, f° 139.
(2) « Le compte et toisé des ouvrages de maçonnerie, pierre de taille, gros fer et autres faits et fournis par Etienne Fahy a été arrêté et modéré à la somme de 265.695 livres 10 sols. » Celui des ouvrages de charpente par Claude Perrache se monta à 51.936 livres. Acte consulaire du 30 décembre 1728. BB. 292, f°ˢ 179 et 180.
(3) BB. 285, f° 138.

plan est accusée sur la façade principale par un avant-corps à ouvertures cintrées au 1ᵉʳ et au 2ᵉ étage et à arcs surbaissés au rez-de-chaussée ; il est couronné par un fronton aux moulures puissantes, dont le tympan est enrichi d'un beau cartouche enveloppant un écusson dans lequel on voyait jadis les armoiries de France (1) ; elles ont été effacées. A droite et à gauche de ce cartouche, deux cornes d'abondance versent à profusion des fruits divers et de beaux épis de blés y figurent comme emblème des riches approvisionnements que ces greniers étaient destinés à renfermer (2) ». Au-dessus de la principale porte d'entrée, se lisait autrefois une inscription latine gravée sur un marbre noir, qui fut supprimée en 1793. Le texte a été conservé dans l'ouvrage de Clapasson intitulé : *Description de la ville de Lyon.*

ANNONAE UBERIORIS

PERENNITATI

LAURENTIUS DUGAS MERCATORUM

PRAEFECTUS TERTIUM

JOANNES FRANCISCUS NOYEL

PETRUS JONQUET

BARTOLOMEUS TERRASSON

ALEXANDER REGNAUD

COSS. LUGDUN. PC. AN. M. D. CC.XXVIII (3).

---

(1) D'après le devis dressé par le voyer de la ville, on devait sculpter les armes du roi, celles du maréchal de Villeroy et celles de la ville. BB. 285, fº 139.

(2) Description de M. Emile PERRET DE LA MENUE, *Revue du Lyonnais*, 3ᵉ série, VII, 1869, pp. 214 et 215.

(3) CLAPASSON, *Description de la ville de Lyon*, p. 174.

Cet immense bâtiment est en somme d'une architecture assez simple ; cependant, il fut trouvé trop beau par l'auteur du *Traité des Subsistances et des Grains*. Béguillet critique le Consulat de s'être laissé entraîner par l'amour des constructions : « Le luxe de la décoration des édifices, écrit-il, présida en 1728 à la confection des greniers ; on aurait pu se contenter d'ajouter aux anciens et d'augmenter leur étendue : on construisit un monument. Si cette dépense eût été employée en achats de blé, la ville de Lyon aurait aujourd'hui le fonds d'un million pour ses provisions annuelles (1) ». Même en tenant compte des variations du pouvoir général de la monnaie entre 1728 et 1775, c'est une exagération manifeste : l'édifice, nous l'avons vu, n'avait coûté qu'un peu plus de 300.000 livres.

Béguillet adresse également un autre blâme aux officiers municipaux au sujet de l'emplacement des greniers. Il leur reproche d'avoir édifié ces greniers « au bas d'une montagne escarpée et d'une roche pourrie qui transude l'eau ; le mur des greniers n'en est pas éloigné de plus de 3 à 4 toises » (2). Cette situation à l'abri des vents du nord, cette exposition au vent humide du midi ne seraient pas favorables à la bonne conservation des blés. Mais ces critiques ne sont pas justifiées ; ni les directeurs de l'Abondance, ni plus tard l'échevin chargé de cette administration ne se sont plaints de la conservation défec-

---

(1) BÉGUILLET, *op. cit.*, t. II, p. 464. La première édition est de 1775.
(2) BÉGUILLET, *op. cit.*, t. II, p. 489.

tueuse des blés ; elle était, au contraire, bien mieux assurée dans le nouvel édifice que dans les maisons de Bourgneuf, qui ne présentaient pas les mêmes facilités d'aération.

Il n'y eut aucune solennité pour l'inauguration des nouveaux greniers de Serin ; dès qu'ils furent achevés en 1728, on s'en servit pour y mettre les blés achetés par l'Abondance ; les anciens devinrent inutiles. Le Consulat, autorisé par un arrêt du Conseil du 20 novembre 1725, attendit l'achèvement du nouveau monument pour mettre en vente les deux maisons de Bourgneuf (1). Mais il ne trouva pas d'acquéreurs immédiatement. Seule « la maison du Cygne » ou grande Abondance fut vendue le 1ᵉʳ juillet 1732 aux directrices des pauvres de la Marmite de la paroisse Saint-Paul (2). La « maison peinte » ou petite Abondance appartenait encore à la ville trente ans plus tard. La vente en fut ordonnée par les lettres patentes du 31 août 1764 (3).

Les greniers de 1728 étaient tellement vastes que l'on ne songea pas à les utiliser en entier. Ils pouvaient contenir environ 40.000 ânées de blé. Jamais la Chambre d'abondance n'avait encore fait d'approvisionnements aussi considérables. Le Consulat résolut d'en louer une partie. Les sieurs Decour père et fils, marchands de blé, furent déclarés adjudicataires

---

(1) Acte cons. du 22 juin 1728. BB. 292, f° 89.
(2) Acte cons. du 24 décembre 1732. BB. 295, f° 33, et Chappe, XVI, 362. — Elle fut payée 12.000 livres.
(3) Lettres patentes du 31 août 1764, art. 45. Etat des immeubles à vendre, n° 14. Bibliothèque de la ville. Fonds Coste, n° 111.819.

du rez-de-chaussée et du premier étage au prix annuel de 2.000 livres (1). En 1736, le Consulat renouvela le bail en prévoyant une résiliation partielle pour le cas où le Gouvernement demanderait le premier étage pour y établir une salle d'armes (2). Ce fut seulement en 1770 que cet entrepôt d'armes pour les troupes du roi fut installé (3).

L'Abondance se contenta donc de la jouissance des greniers du 2ᵉ et 3ᵉ étage et d'une partie du rez-de-chaussée (4).

Les blés étaient conservés aux étages supérieurs ; pour les vendre, on les faisait glisser « par un couloir en pierre de taille » qui communiquait d'étage en étage et tombait perpendiculairement « dans les deux magasins du rez-de-chaussée situés aux deux extrémités du bâtiment » (5). C'est là que les blés étaient mis en sacs, pesés et délivrés aux boulangers.

Bien que la construction de ces greniers eût été faite sans trop de rapidité et qu'elle eût coûté assez cher, on éprouva au bout de vingt ans des inquiétudes sur la solidité du monument. Les voûtes avaient éprouvé divers tassements ; les murs de façade surplombaient visiblement ; on appréhendait « des corruptions plus considérables et même la ruine entière de ce bâtiment, s'il n'y était incessamment pourvu »(6).

---

(1) Acte cons. du 19 août 1728. BB. 292, f° 114.
(2) Acte cons. du 29 décembre 1736. BB. 301, f° 192.
(3) Lettre du Consulat à l'intendant, 10 décembre 1769. AA. 131, f° 209.
(4) BB. 312, f° 113.
(5) GG. Chappe, IV, 461.
(6) Rapport présenté au Consulat le 7 août 1749. BB. 315, f° 88.

Des réparations immédiates furent décidées. Leur devis prévoyait la construction de « contreforts en pierre de taille en incrustation dans le mur de 44 pieds 6 pouces aboutissant au-dessous de l'appui des croisées du 3ᵉ étage » (1). On devait les établir soit contre les deux façades, soit contre les pignons. L'adjudication fut passée le 4 septembre 1749 au nom d'Etienne Gaillard, maître maçon (2). Le Consulat ne montrait aucun souci de l'esthétique, en ordonnant ces travaux qui auraient enlaidi cet édifice.

Il survint heureusement des difficultés financières qui firent abandonner ce projet. Le Consulat, qui venait de régler par deux emprunts de trois millions chacun les pertes énormes subies par l'Abondance, recula devant l'importance des dépenses dont il allait se charger. Il s'assura « que des réparations intérieures pour le soutien des voûtes de ces greniers suffiraient pendant de longues années pour la solidité du tout et éviteraient la dépense et l'inconvénient de la construction de ces contreforts, qui, d'ailleurs, ne pourraient que défigurer un bâtiment dont la beauté fait une décoration dans cette ville » (3). Il résilia donc l'adjudication, en payant les travaux entrepris — car les fouilles et la maçonnerie des fondations étaient déjà faites — et une forte indemnité (4). Signalons enfin, avant de terminer

---

(1) BB. 315, f° 113.
(2) Id., ibid.
(3) Acte cons. du 16 octobre 1750. BB. 316, f° 141.
(4) La dépense totale fut de 7.000 livres, y compris l'indemnité de 4.000 liv. BB. 316, f° 141.

l'historique de ce monument, la construction, en 1732, des quais et du port au-devant des greniers (1) et celle, en 1755, d'un escalier extérieur adossé au pignon est et aboutissant au 1er étage (2).

La Chambre d'abondance connut ainsi trois phases distinctes au point de vue des greniers dont elle disposa. A l'origine, elle garde ses blés dans divers entrepôts loués à des particuliers ou à des monastères. En 1670, elle projette la construction pour son usage exclusif de greniers assez grands pour contenir tout son approvisionnement ; mais sa proposition n'est pas exécutée. Puis le Consulat met à sa disposition, en 1672 et 1676, les deux immeubles qu'il a achetés à cette intention dans le quartier de Bourgneuf sur la rive droite de la Saône. Enfin, les disettes de 1694 et de 1709 ayant démontré qu'ils étaient insuffisants, il vote la construction d'immenses greniers à l'entrée de la ville sur la rive gauche de la Saône ; ces derniers sont même tellement vastes que le Consulat ne songe pas à les utiliser en totalité.

§ IV. *Frais de conservation des blés*. — Les frais généraux de l'Abondance diminuèrent dès le jour où elle enferma ses grains dans les immeubles de la ville. Non seulement les dépenses de location se trouvaient supprimées, puisque la ville n'exigeait pas le loyer, qu'elle aurait pu, pour le bon ordre de

---

(1) BB. 296, f° 108.
(2) BB. 322, f° 133.

sa comptabilité, réclamer au trésorier de l'Abondance, mais les frais du déchargement et de la manutention des blés étaient réduits au minimum par suite de la proximité de la Saône et de la meilleure installation des greniers.

Un employé, choisi par la Chambre d'abondance, était chargé de la surveillance directe des approvisionnements en grains. Nous avons vu que ce garde-magasin procédait lui-même à la plupart des achats de blés. Dès 1741, c'est le Consulat lui-même qui nommait à cet emploi (1). Il lui adjoignit, de 1749 à 1763, un « contrôleur aux greniers d'abondance » (2). Ces deux employés devaient surveiller l'arrivée des grains et leur livraison aux boulangers, tenir un registre exact des entrées et des sorties et assurer la bonne conservation des blés.

Pour obtenir celle-ci, on avait encore recours au procédé rudimentaire du tournage à la pelle ; cette opération se faisait une fois par semaine. Les frais de tournage s'élevaient chaque fois à 8 sols pour 100 ânées (3) ; renouvelée tous les huit jours pour de grandes quantités, cette dépense augmentait notablement les frais généraux. On s'efforça bien de parer à cet inconvénient en activant la dessiccation des blés. Outre l'économie des frais de manutention,

---

(1) Désormais cette commission fut comprise dans la 3ᵉ classe des emplois auxquels le Consulat pouvait nommer. Il y avait alors d'après l'acte consulaire du 30 juin 1679 quatre classes de commissions. BB. 306, f° 154.

(2) BB. 315, f° 32, et BB. 331, f° 195.

(3) GG. Chappe, IV, 495.

on aurait assuré leur conservation pour de longues années.

Le système de séchage des blés au moyen d'une étuve fut expérimenté à Lyon sur les ordres formels de Bertin. La réponse du Consulat au contrôleur général ne laisse aucun doute à cet égard : « Le désir que nous avons de répondre à vos intentions, en établissant dans cette ville une étuve propre à dessécher les grains, va nous faire prendre les mesures convenables pour former, au plus tôt, cet établissement (1). » Il termine sa lettre en disant qu'il enverra à Genève l'un des échevins, M. de Monlong, « en conformité des ordres que vous lui en avez donnés » (2).

M. de Monlong fit donc ce voyage pour voir les étuves que les Genevois avaient établies dans leurs greniers publics ; il en leva lui-même les plans, les combina avec ceux d'autres modèles et en fit construire une aux greniers de Lyon. Les renseignements que l'on avait reçus de Genève étaient tout à fait concluants : « Notre Chambre des blés, écrivait un Genevois, se trouvant chargée, en avril 1759, de beaucoup de mauvais blés de 1758, qui étaient très humides et à demi germés, on craignit qu'ils ne se corrompissent ; on en a séché environ 5.000 sacs, ces blés ont passé deux étés, entassés à 5 ou 6 pieds de haut sans aucune fermentation (3). »

---

(1) Lettre du Consulat au contrôleur général, 28 juin 1762. AA. 131, f° 62.
(2) Id., ibid.
(3) Lettre de Dupan de Genève au Consulat, 26 mars 1761. GG. Chappe, IV, 521, n° 131.

L'essai tenté à Lyon aurait dû donner des résultats analogues. La première épreuve réussit au mieux : mais le parti-pris de Bernard, le garde-magasin de l'Abondance, contre cette nouvelle invention, fut plus fort que les meilleurs arguments. Il parvint à « en faire croire l'inutilité ; il fit même détruire un local destiné à fermer des blés étuvés, de manière que cette machine a été entièrement abandonnée » (1).

L'expérience ne fut pas renouvelée. On dédaignait ainsi les services qu'aurait rendus cette innovation. Elle aurait permis de conserver les blés dans de meilleures conditions et d'attendre le jour où la médiocrité d'une récolte aurait occasionné une hausse des prix.

Ordinairement l'Abondance ne faisait subir aucune transformation aux grains qu'elle achetait ; elle les revendait tels qu'elles les avait reçus. Cependant, à partir de 1757, elle prit l'habitude de garder en magasin quelques sacs de farine. L'utilité d'un approvisionnement sous cette forme se faisait sentir toutes les fois que les glaces ou les inondations empêchaient les moulins de travailler.

On sait en effet que les moulins de Lyon se trouvaient sur le cours du Rhône entre Saint-Clair et la

---

(1) Lettre du Consulat au prévôt des marchands à Paris, 9 octobre 1772. AA. 131, f° 309. — Ce garde-magasin fut révoqué dix ans plus tard pour infidélités ; il avait interdit à ses employés de rendre compte des détails de la régie des greniers à M. Jacob, l'échevin spécialement chargé de ce service. Mais, sur les instances réitérées du gouverneur, le duc de Villeroy, on lui accorda néanmoins « une pension viagère de 1.000 livres, payable sur la partie de l'Abondance ». Lettre du Consulat au duc de Villeroy, 4 septembre 1772, (AA. 131, f° 297) et acte consulaire du 8 juin 1773. BB. 361, f° 39.

Quarantaine (1). Tous les essais de moulins mus par une autre force que l'eau n'avaient pas donné de résultats satisfaisants.

L'Abondance faisait moudre en automne de 2.000 à 3.500 ânées de blé qu'elle conservait dans ses greniers pour les besoins de l'hiver. Le moment venu, elle les vendait aux boulangers en leur faisant payer naturellement les frais de mouture qui se montaient à 1 livre par ânée ; exceptionnellement, en 1769, on leur délivra la farine au même prix que le blé (2).

Section IV. — Vente des blés.

Après avoir enfermé dans ses greniers des réserves de blé, l'Abondance avait encore le souci de les livrer à la consommation.

En principe, elle aurait pu attendre le moment où les grains auraient subi une hausse sérieuse à la suite d'une mauvaise récolte et, en vendant dans ces circonstances-là, elle aurait tout à la fois provoqué une baisse et réalisé des bénéfices. Mais l'expérience a démontré que les grains ne peuvent pas se conserver indéfiniment. Dès qu'ils sont restés emmagasinés

---

(1) En 1770 il y avait à Lyon 16 moulins ; ils pouvaient fournir chacun de 35 à 40 ânées de mouture par jour. Les travaux entrepris par Perrache en 1775 diminuèrent à peu près de moitié le rendement des moulins établis sur le bras du Rhône à la Quarantaine. Il fut alors question d'arrêter les travaux pour parer à cet inconvénient ; mais Turgot, dans une lettre du 28 août 1775, défendit de les interrompre et conseilla aux meuniers de déplacer leurs bateaux. BB. 343, f°s 53 et 145.

(2) Délib. cons. du 14 février 1769. BB. 337, f° 12.

pendant deux ou trois années, ils risquent fort de se corrompre ou de prendre mauvais goût. En quelques semaines les réserves amassées dans les greniers peuvent subir une altération si profonde qu'elles deviennent impropres à la consommation. L'Abondance se trouvait donc obligée de vendre ses blés pour en éviter le dépérissement; elle devait alors s'en débarrasser sans attendre le moment favorable. Ce renouvellement périodique de l'approvisionnement fut une cause fréquente des pertes de cette administration.

Pour procéder à la vente de ses blés, la Chambre d'abondance éprouvait des difficultés analogues à celles qu'elle avait dû vaincre pour les acheter et les transporter à Lyon. Les directeurs avaient la très louable ambition, non pas de réaliser des gains dont ils n'auraient pas touché le moindre denier, mais d'éviter seulement un déficit qui retombait sur les finances de la ville. Ils ne recherchaient pas des bénéfices commerciaux ; ils envisageaient plutôt le but philanthropique de l'institution. De son côté, le public réclamait à la moindre hausse des céréales que les portes des greniers d'abondance fussent ouvertes afin d'empêcher l'augmentation du prix du pain. Concilier ces divers intérêts en jeu n'était point chose commode ; il était fort difficile de sauvegarder les finances communales sans aller à l'encontre des idées de la foule. Choisir le moment convenable pour décider la vente, organiser cette vente d'une manière judicieuse et en fixer le prix, tout cela exigeait beaucoup d'attention de la part de ceux qui en étaient chargés.

Au cours de son histoire, la Chambre d'abondance ne résolut pas toujours ce problème de la même manière. Suivant les circonstances, elle utilisa l'un ou l'autre des deux procédés prévus par ses propres règlements.

Le premier consistait dans la vente libre et facultative : elle avait lieu soit aux greniers pour les boulangers, soit au marché pour les particuliers. C'était la méthode le plus fréquemment employée.

Le second, explicitement autorisé par l'article 11 du règlement de 1643, était une vente obligatoire. Lorsque cette mesure était décidée, chaque boulanger ou même chaque habitant devait acheter aux greniers d'abondance la quantité de blé pour laquelle il avait été inscrit sur un rôle spécial. Fréquemment mis en usage à l'égard des boulangers, ce procédé ne le fut qu'une seule fois à l'égard des particuliers. Il offre beaucoup plus d'intérêt à cause des réclamations qu'il suscita de la part de tous ceux qui étaient obligés de se prêter à cette distribution forcée.

§ I. *Vente libre et facultative.* — Le règlement de 1643 est à peu près muet sur les détails de la vente facultative. Il laisse en somme aux directeurs de la Chambre d'abondance toute latitude pour l'organiser comme bon leur semblera. Ceux-ci prenaient en général l'avis du Consulat avant de livrer leurs blés à la consommation ; parfois cependant ils agissaient de leur propre autorité, sans en référer au Consulat.

Ils procédaient à la vente facultative de deux

manières différentes : tantôt ils faisaient porter quelques sacs de blé au marché public de la Grenette, tantôt ils avertissaient les boulangers de la ville et leur offraient la marchandise à un prix déterminé. Ces derniers n'avaient qu'à en prendre livraison aux greniers.

* *

1° *Ventes facultatives aux particuliers.*

Au XVIIe siècle, les ventes aux particuliers furent très fréquentes. Le marché des blés se tenait à la Grenette tous les samedis à partir de 9 heures du matin (1). D'abord enfermé à l'intérieur de la halle, le marché s'étendit bientôt en dehors jusqu'à l'entrée de la place des Cordeliers. Il y avait alors trois emplacements distincts. Le premier s'étendait depuis la halle jusqu'à la maison du « Cheval blanc » ; il était réservé aux marchands de Lyon, qui étaient obligés de fournir toutes les semaines une quantité déterminée de blé ; c'est là que l'Abondance envoyait son préposé. Le second allait jusqu'au puits et à la maison du « Sauvage » ; il était attribué aux marchands forains qui venaient des montagnes du Lyonnais ou de la Dombes. Enfin le troisième, depuis cette maison jusqu'à l'entrée de la place des Cordeliers, était occupé par les paysans du Dauphiné, qui

---

(1) Règlement général de la police de la ville de Lyon, imprimé en 1640. HH. Chappe, V, 121.

arrivaient en bateau ou par le pont du Rhône (1). Un officier, nommé par le Consulat et appelé « Châtelain de la Grenette », avait la surveillance générale du marché. Il devait tenir un registre public des grains qui s'y vendaient et y noter les prix des transactions ; chaque semaine il envoyait à l'hôtel de ville un extrait des mercuriales qu'on appelait à Lyon un « carcabeau ». Un secrétaire en prenait copie sur le registre des délibérations du Consulat.

Lorsqu'une vente des blés de l'Abondance avait lieu à la Grenette, elle ne portait jamais que sur de petites quantités. Le plus souvent l'achat de chaque particulier était limité. C'est ainsi qu'en 1636 les directeurs décident de vendre chaque semaine 50 ou 60 ânées, sans délivrer à chacun plus de 7 bichets (2) ; en 1652, ils fixent deux prix de vente différents, l'un de 5 livres le bichet pour les pauvres artisans « à chacun desquels néanmoins il ne sera baillé que jusqu'à trois bichets », l'autre de 5 livres 10 sols le bichet pour les « bourgeois et autres habitants, qui en demanderont pour leur usage dans leur maison ; il leur en sera délivré jusqu'à 2 ânées pour une fois » (3). De même, en 1669, ils ordonnent une vente en spécifiant que « le blé sera vendu un sol par bichet au-dessous du prix ordinaire du mar-

---

(1) Cf. Ordonnance de police du 5 septembre 1740. FF. Chappe. V, 218. — Elle consacre « un ancien usage observé de tout temps ».
(2) GG. Chappe, IV, 538, n° 49, 28 août 1636.
(3) GG. Chappe, IV, 538, n° 50, 27 mai 1652.

ché » (1) ; l'année suivante, ils limitent le pouvoir d'achat de chaque particulier à 7 bichets et fixent le prix « à 2 sols de moins que les autres marchands ne le vendront » (2).

Il est inutile de multiplier les exemples de cette façon de procéder. Ces faits prouvent que l'Abondance, loin de poursuivre un but exclusivement commercial, était surtout animée par des sentiments charitables et humanitaires. Les ventes de blé faites à la Grenette dans ces conditions avantageuses pour le public avaient pour but de soulager la misère et de permettre aux pauvres gens de subir le moins possible les effets de la cherté des vivres. Mais, comme ces mesures portaient toujours sur des quantités modiques, elles pouvaient à peine retarder ou enrayer l'élévation des prix ; elles n'étaient pas capables d'amener une baisse sensible des cours. D'autre part, elles ne devaient pas encourager les paysans et les marchands à apporter leurs blés aux marchés : car ceux-ci ne pouvaient pas ne pas souffrir de la concurrence faite à leur marchandise par des blés qui devaient être vendus moins cher que les leurs. La mesure édictée par la Chambre d'abondance n'atteignait donc pas entièrement son but, puisque, une fois connue, elle tendait à éloigner des marchés les gens qui auraient pu les alimenter.

Il est probable que les directeurs comprirent l'inefficacité de ce genre de prescription. Dans toutes

---

(1) GG. Chappe, IV, 538, n° 50, 28 août 1669.
(2) GG. Chappe, IV, 538, n° 50, 31 mai 1670.

les ventes à la Grenette qui furent continuées pendant le XVIII° siècle, mais à intervalles plus éloignés, cette clause d'infériorité de prix ne fut pas renouvelée. Le Consulat laissait au mécanisme de la loi de l'offre et de la demande le soin de faire sentir son influence.

Les quantités de blé vendues à la Grenette par l'Abondance ne furent jamais bien considérables; il n'était pas non plus dans les intentions du Consulat de les développer beaucoup. Les théories, très raisonnables d'ailleurs, des échevins sont expliquées dans une lettre à Bertin, qui avait engagé l'administration de la ville à préférer ce système à celui des distributions faites aux boulangers. « Les nouvelles défenses que vous nous faites, Monseigneur, de livrer du blé aux boulangers nous obligent de vous réitérer les représentations que M. le prévôt des marchands a eu l'honneur de vous adresser ; si nous envoyions régulièrement du blé de nos greniers dans les marchés publics, nous en éloignerions nécessairement les marchands forains qui les fournissent ; la ville se trouverait dans la nécessité de les entretenir et pour avoir, suivant vos ordres, toujours la même quantité de blé dans ses greniers, il faudrait qu'elle en fît un commerce continuel (1). » Aussi les ordres de Bertin ne furent-ils pas pris en considération, et pendant les dernières années l'Abondance renonça presque complètement aux ventes faites à la Grenette.

---

(1) Lettre du Consulat au contrôleur général du 18 novembre 1760 en réponse à une lettre de Bertin du 18 octobre précédent. AA. 130, f° 195.

Elle aurait pu également vendre ses blés à des particuliers sans prendre la peine de les transporter au marché ; il lui aurait suffi de publier son prix de vente. Les bourgeois qui faisaient leur pain chez eux — ils étaient encore fort nombreux, surtout au XVIIe siècle — auraient pu venir aux greniers faire leurs provisions. Mais ce procédé ne fut pas suivi pendant toutes les premières années ; plus tard, il y en eut quelques rares exemples. Le plus curieux que l'on puisse citer — car il montre que certains directeurs de l'Abondance n'oubliaient pas les petits profits personnels — se présenta en décembre 1693 : les grains étant alors fort chers, les dix intendants se servirent eux-mêmes en faisant prendre aux greniers 126 ânées qu'ils payèrent seulement 34 livres l'ânée, tandis qu'au même moment ils délivraient leurs blés aux boulangers au prix de 40 livres (1).

2° *Ventes facultatives aux boulangers.*

La véritable solution, qui permettait à l'Abondance de renouveler ses approvisionnements et d'en éviter les détériorations, a toujours été la distribution aux boulangers, la vente à des particuliers n'offrant qu'un débouché minime. Les vrais consommateurs étaient les boulangers (2). Ce sont eux qui

---

(1) Comptes de l'Abondance de 1692-1693. GG. Chappe, IV, 532.

(2) Autrefois le commerce des farines n'existait pour ainsi dire pas ; le boulanger achetait non pas de la farine comme aujourd'hui, mais du blé, qu'il portait au moulin pour le faire moudre. Le meunier d'autrefois ne faisait jamais le commerce de farines comme le fait le minotier moderne : il n'était qu'un façonnier.

ont acheté, tantôt de leur plein gré, tantôt sur l'obligation que des ordonnances de police leur en faisaient, là plus grande partie des approvisionnements amassés par l'Abondance. La vente était facultative lorsque les grains étaient cédés à un prix inférieur ou égal à celui des marchés publics. Dans ce cas, les boulangers ne se faisaient pas prier pour aller chercher aux greniers les blés dont ils avaient besoin pour fournir leurs boutiques. La taxe du pain était alors fixée d'après le prix des distributions faites aux boulangers par l'Abondance. Ils n'étaient pas libres d'augmenter le prix du pain. Ils étaient d'ailleurs enchantés que l'administration les délivrât du souci de leurs achats. On sait qu'ils ne pouvaient pas faire ceux-ci dans un rayon de moins de cinq lieues autour de la ville ; une ordonnance de police de 1640, souvent confirmée depuis, leur permettait cependant d'en acheter aux marchands de blé de la ville et même à la Grenette, mais seulement après trois heures de l'après-midi, c'est-à-dire lorsque le marché ouvert depuis 9 heures du matin était à peu près terminé (1).

Ces distributions si avantageuses pour les boulangers furent souvent décidées pendant les années de disette. Elles devinrent même le procédé habituel de vente à partir de 1750. Il est certain que cette méthode eut pour effet de retarder souvent et parfois même d'éviter complètement l'augmentation du prix du pain que le cours du blé à la Grenette aurait

---

(1) Règlement général de la police, 1640. HH. Chappe, V, 121.

justifiée. Dans toutes ces circonstances, le Consulat n'hésita pas à sacrifier les finances de la ville et à prendre les intérêts du peuple en maintenant le pain à un prix modéré. C'est ainsi qu'il fit tous ses efforts en 1748 et 1749 pour retarder la hausse inévitable que devait entraîner la rareté des blés dans toute la région.

En février 1748, le Consulat, obligé de faire venir les approvisionnements de très loin, aurait bien voulu réduire les pertes de l'Abondance en élevant le prix des distributions aux boulangers. Mais comment le faire sans augmenter en même temps la taxe du pain ? Le prévôt des marchands proposa une solution mixte : on aurait modifié seulement le prix du pain blanc, sans changer celui des deux autres catégories de pain (1).

Ce projet ne fut pas adopté, sur les représentations qui furent faites au Consulat « qu'il n'y avait que la

---

(1) Les boulangers de Lyon cuisaient trois sortes de pain : la miche ou pain blanc, le pain ferain et le pain à tout ou pain bis. Les prix en variaient à peu près dans le rapport 6, 5 et 4. Par exemple, d'après le tarif de 1707, lorsque le froment valait à la Grenette 50 sols le bichet, le pain blanc se vendait 19 deniers la livre, le pain ferain 15 deniers et le pain à tout 12 deniers. Si l'on compare les tarifs provisionnels du pain de 1641, 1677, 1707 et 1736, on peut constater une hausse progressive du prix du pain, pour le même prix du blé à la Grenette. En un mot les frais de panification accordés aux boulangers augmentaient à mesure que le pouvoir général de la monnaie diminuait. Pour le même cours du blé de 50 sols le bichet, la taxe accordée par ces tarifs successifs s'éleva de 8 deniers 11/12 à 10, 12 et 12 1/2 deniers la livre de pain à tout. — Tarifs provisionnels du pain. Bibliothèque de la ville. Fonds Coste, n°s 350.963, 350.964, 353.301 et 351.027. — La livre de Lyon, dite « poids de ville », ne pesait que 13 onces 3/4, poids de marc, soit 423 gram. 62. Cf. *Almanach de Lyon*, 1747 (p. 149) et Lettre du Consulat au contrôleur général, 27 février 1773. AA. 132, f° 16.

dixième partie des citoyens qui consommât du pain blanc, que si l'on en augmentait le prix actuel sans toucher à celui du peuple, la consommation du premier se réduirait encore à la moitié moins ; qu'un objet si modique étant d'une très petite ressource, il paraissait inutile d'en faire usage, avec d'autant plus de raison que l'on avait à craindre l'infidélité des boulangers, qui ne manqueraient pas d'exciter les murmures des citoyens » (1). On ne modifia donc ni la taxe du pain, ni le prix des distributions de l'Abondance.

Quelques mois plus tard, le Consulat, « alarmé par les pertes que la ville avait faites jusqu'à présent dans l'achat des blés distribués aux boulangers par la différence des prix auxquels ils revenaient d'avec ceux auxquels on les leur a remis », se demanda s'il ne devait pas augmenter le prix du pain : mais il préféra encore « sacrifier les intérêts de cette ville pour celui des citoyens » (2).

L'année suivante, une délibération analogue fut prise en considération du chômage imposé à un grand nombre d'ouvriers par une crise des fabriques de soie (3) ; les mêmes prix du pain furent maintenus au grand détriment des finances communales.

En 1766, le Consulat adopta la même méthode. Il fit délivrer aux boulangers des blés de l'Abondance au prix de 33 livres l'ânée, à un moment où le blé

---

(1) Délib. cons. du 6 février 1748. BB. 314, f° 31.
(2) Délib. cons. du 3 septembre 1748. BB. 314, f°ˢ 124 et 125.
(3) Délib. cons. du 5 novembre 1749. BB. 315, f° 142.

de qualité moyenne se vendait à la Grenette 37 livres 10 sols l'ânée (6 l. 5 sols le bichet) (1). Il écrivit au prévôt des marchands qui se trouvait alors à Paris pour l'informer de cette mesure et ajouta : « Nous sommes assurés que le ministre ne pourra la désapprouver, quand vous voudrez bien lui exposer les circonstances fâcheuses où se trouvent nos manufactures et le danger qu'il y aurait de faire éprouver une nouvelle augmentation du prix du pain à une multitude d'ouvriers sans travail et que la misère peut réduire au désespoir (2). »

Nous pourrions citer d'autres circonstances pendant lesquelles l'Abondance résolut de donner ses blés à un prix au-dessous de leur valeur; nous n'avons choisi que ces deux exemples, parce qu'ils montrent bien l'étendue des sacrifices consentis par la ville pour maintenir le pain à un taux modéré.

Les boulangers acceptaient très volontiers ces libéralités du Consulat. Loin de les refuser, loin de faire au moins des objections, ils demandaient à se servir aux greniers publics toutes les fois qu'ils éprouvaient de la peine à se procurer les quantités de blé suffisantes (3). Parfois même, profitant de cette générosité, ils prenaient à l'Abondance plus de blé qu'il ne leur en fallait et le revendaient avec bénéfice. Ce commerce frauduleux fut pratiqué par quelques-uns d'entre eux en 1749. Cet abus motiva des poursuites

---

(1) Carcabeaux des 13 et 20 septembre 1766. BB. 334, f° 102.
(2) Lettre du Consulat à M. de la Verpillière, à Paris, 23 septembre 1766. AA. 131, f° 179.
(3) Délib. cons. du 14 février 1754. BB. 321, f° 30.

judiciaires et une ordonnance très sévère du Consulat : « Avons fait itératives défenses à tous boulangers de cette ville de vendre aucun blé ni farine aux bourgeois et habitants d'icelle ni à aucune autre personne à peine de 500 livres d'amende, du carcan pour la première fois et d'autre punition corporelle en cas de récidive (1). » Cette interdiction était très raisonnable ; car ce n'était point pour procurer aux boulangers des bénéfices illicites que l'Abondance leur délivrait sa marchandise à si bon compte. Elle allait cependant à l'encontre d'anciens règlements de police qui conféraient aux boulangers le privilège exclusif de vendre de la farine de froment (2).

Les boulangers de Lyon, dont la tâche fut si souvent facilitée depuis 1750 par les distributions de l'Abondance, finirent par se croire dispensés de chercher eux-mêmes leurs approvisionnements. Dès que le Consulat se rendit compte de cette nouvelle attitude, qui pouvait avoir des conséquences graves en l'obligeant à fournir à lui seul presque toute la subsistance de la ville, il s'empressa d'y mettre bon ordre. Il résolut d'agir avec une fermeté peut-être exagérée en édictant « que les maîtres boulangers se tiendraient toujours approvisionnés d'avance et selon l'ordre des classes de la quantité de blé ou farine nécessaire pour la consommation de leurs pratiques

---

(1) Ordonnance consulaire du 26 août 1749. BB. 315, f° 105.

(2) Ce monopole donna lieu à un procès intéressant entre les boulangers et les grainiers-fariniers. Ces derniers obtinrent gain de cause en 1740 et furent admis à vendre de la farine de froment concurremment avec les boulangers. Cf. BB. 300, f° 145 ; 303, f°ˢ 175 et suiv. 306, f°ˢ 56 et suiv.

pendant l'espace de trois mois d'avance, à peine contre les contrevenants de 500 livres d'amende pour la première fois et de déchéance de maîtrise en cas de récidive » (1). Un autre article de la même ordonnance prescrivait « aux communautés de religieux et de religieuses de se tenir fournies et approvisionnées en blés ou en farines au moins pour l'espace d'une année » (2).

C'était aller d'un extrême à l'autre ; malgré les visites prévues des commissaires de police, les boulangers et les communautés se soucièrent fort peu de ces menaces. D'ailleurs, s'ils s'y étaient conformés très rapidement, leurs achats simultanés auraient provoqué une hausse notable des grains dans toute la région. Cette ordonnance de 1760 fut confirmée et renouvelée dans les mêmes termes en 1772 (3), mais sans plus de succès. Aussi la vente des blés de l'Abondance fut-elle à peine ralentie par l'effet de ces nouvelles prescriptions bientôt tombées dans l'oubli (4).

Lorsqu'il avait organisé ces distributions de blé à un prix inférieur à la valeur courante, le Consulat ne s'était sans doute pas rendu compte du double inconvénient que présentait ce système. Il n'avait pas soupçonné que les boulangers ne s'occuperaient

---

(1) Ordonnance consulaire du 22 avril 1760. BB. 327, f°s 72 à 75.
(2) Id., f° 74. — Une réglementation analogue avait été édictée pour Paris et les villes à quarante lieues de Paris par la déclaration du roi du 3 avril 1736 ; mais elle exigeait un approvisionnement pour deux années au moins. Cf. BÉGUILLET, op. cit., t. II, pp. 442-449.
(3) Ordonnance consulaire du 18 janvier 1772. BB. 340, f° 6.
(4) Comptes de 1772-1773. GG. Chappe, IV, 539.

plus de leurs approvisionnements particuliers ; il n'avait surtout pas imaginé que quelques-uns d'entre eux revendraient à des particuliers les blés ou les farines que l'Abondance leur livrait à si bon compte, pour maintenir le prix du pain à un taux modéré.

Ce dernier abus, condamné par la simple probité commerciale, ne pouvait guère être prévu. Le premier, au contraire, n'était que la conséquence fatale de ces ventes trop avantageuses pour les boulangers. Pourquoi ceux-ci auraient-ils pris la peine de chercher au loin leurs fournitures, lorsque l'Abondance leur livrait des blés avec moins de frais et sans aucun souci ? La mesure édictée par le Consulat devait donc logiquement avoir pour effet d'obliger l'Abondance à procurer la subsistance de toute la ville. Elle démontre en tout cas ses intentions généreuses ; il tenait à soulager la misère des ouvriers en maintenant le pain au prix le plus bas possible, sans s'inquiéter des résultats désastreux que cette conduite devait avoir pour le budget municipal.

Cette méthode devint d'un usage très fréquent, lorsque le Consulat se fut privé du concours désintéressé de la Chambre d'abondance. Jusque là, en effet, bien que les directeurs ne fussent pas pécuniairement responsables des pertes de leur administration, ils avaient mis un certain point d'honneur à ne point accuser un déficit trop important au moment de la reddition de leurs comptes. C'est pour cette raison que, pendant le premier siècle de son existence, l'Abondance n'utilisa qu'exceptionnellement ce procédé de vente ; elle n'en usa guère que pendant la cherté de 1694 et pendant la terrible disette de 1709 (1). En général, en effet, la Chambre d'abondance, composée de négociants, n'aimait pas vendre ses blés moins cher qu'ils ne valaient ; elle en demandait un prix égal et souvent même supérieur à celui des marchés publics, afin d'éviter les pertes de sa gestion. Dans ce dernier cas, il fallait obliger les boulangers à venir prendre les blés de l'Abondance.

§ II. *Vente forcée.* — Ce procédé de distribution obligatoire était explicitement autorisé par l'article 11 des règlements de la Chambre d'abondance votés en 1630 et confirmés lors de chacun de ses rétablissements successifs : « Comme aussi en cas d'abondance, pour éviter la perte, qu'à cause d'icelle pourrait arriver en la vente des dits blés achetés par ordre des dits sieurs intendants, ils seront vendus et débités par préférence à tous autres habitants de la dite ville, et les boulangers et autres habitants n'en pourront acheter d'autre que celui-là ne soit vendu, aussi seront tenus de le prendre et payer au prix qu'il reviendra aux dits intendants, y compris les intérêts, frais, pertes, assurances de risques et autres avaries (2). »

C'était donc un véritable monopole que le règlement permettait d'édicter pour un certain temps. Comme tout monopole, il ne manqua pas de susciter

---

(1) Comptes de 1693-1695 et de 1707-1713. GG. Chappe, IV, 534 et 495.
(2) BB. 197, f° 120.

des protestations nombreuses, toutes les fois qu'on eut besoin de l'exploiter. La Chambre d'abondance, pendant les premières années, se permit d'user souvent de son privilège ; puis, peu à peu, se rendant compte de l'impopularité de ces procédés par les difficultés qu'ils soulevaient, elle s'efforça de n'y recourir qu'en cas de nécessité grave, préférant subir des pertes légères plutôt que d'indisposer une partie de la population.

L'histoire de ces ventes forcées ne manque point d'intérêt. Les multiples incidents qu'elles firent naître montrent combien il est téméraire de lutter contre les lois économiques qui commandent aux variations de prix des denrées. Les ordonnances du Consulat et les menaces de condamnations pécuniaires ou corporelles n'eurent pas même toujours le dernier mot.

La première expérience de distribution forcée eut lieu en 1631 : la Chambre d'abondance, créée l'année précédente, venait de remplir sa mission provisoire et, avant de se séparer, les directeurs résolurent de vendre aux boulangers les blés qui restaient encore dans les greniers « pour obvier à la grande perte qui arriverait à l'Abondance si les dits blés étaient gardés davantage » (1). L'intendant de la généralité, Mgr Amelot, rendit une ordonnance qui obligeait

---

(1) GG. Chappe, IV, 538, n° 49, 15 mai 1631.

les boulangers à acheter des blés de l'Abondance, « à raison de 6 livres chaque bichet » ; elle ajoutait que le pain ne pourrait « être diminué pendant 12 jours, savoir le prix de la miche de 3 sols la livre, le pain ferain 2 sols 3 deniers et le pain à tout 1 sol 6 deniers » (1). Enfin, elle était suivie d'un rôle nominatif qui indiquait la quantité que devait acheter chacun d'eux. Les boulangers de la Guillotière et des autres faubourgs firent entendre immédiatement leurs protestations. Ils obtinrent gain de cause et furent déchargés de cette obligation à la condition qu'ils n'apportassent point de pain à Lyon jusqu'à ce que la quantité de blé fixée fût répartie entre leurs confrères de la ville (2). Et finalement tout l'avantage que l'Abondance avait procuré aux citoyens en facilitant leur approvisionnement pendant la disette, n'était-il pas perdu par ce retard apporté à la baisse de prix du pain ?

Lors du rétablissement provisoire de 1636, le même procédé de la vente forcée fut employé, et avec un succès médiocre. A la fin du mois de mars 1637 la Chambre, se basant sur les apparences d'une belle récolte, décida de vendre une partie de ses blés ; en mai, elle délégua deux de ses membres pour aller voir « les juges de police et retirer d'eux la sentence et le répartement de 2.000 ânées entre les boulangers » (3). Mais, comme ces derniers pouvaient s'en

---

(1) Ordonnance du 14 mai 1634. GG. Chappe, IV, 538, n° 49.
(2) Ordonnance du 17 mai 1631. GG. Chappe, IV, 538, n° 49.
(3) GG. Chappe, IV, 538, n° 49, 11 mai 1637.

procurer à meilleur compte dans la région, ils ne s'empressèrent pas de « prendre leur cote des blés ». On fit exécuter l'ordonnance par des sergents de police. Toutefois il fallut encore consentir de nombreuses concessions, soit qu'on accordât un crédit de huit ou quinze jours aux boulangers reconnus solvables, soit qu'on diminuât progressivement le prix du blé à 59, puis à 55 sols (1). Non seulement les boulangers se concertaient entre eux pour opposer la force d'inertie aux ordres émanant de la police, mais encore ils répandaient de faux bruits sur la qualité des blés de l'Abondance. Ils obligèrent ainsi les directeurs à modifier la procédure des distributions et à faire faire par la sénéchaussée une visite préalable des blés à vendre (2). Ce fut un succès moral pour les boulangers.

Des répartitions semblables des blés de l'Abondance ont eu lieu en 1644, 1649, 1650 et 1653. Il serait trop long de les détailler toutes. Rappelons seulement que la distribution forcée de 1653 empêcha une diminution du prix du pain et provoqua de graves désordres à la suite desquels l'institution elle-même cessa pendant quatorze ans de fonctionner (3).

Le souvenir de l'émeute de 1653 s'était bien affaibli, lorsque, en 1667, le Consulat rétablit la Chambre d'abondance. Les mêmes règlements, remis en vigueur sans aucune modification, prévoyaient

---

(1) GG. Chappe, IV, 538, n° 49, 4 et 8 juin, 3 août 1637.
(2) Voyez *supra*, pp. 49-50.
(3) Voyez *supra*, p. 63.

toujours les distributions de blé imposées aux boulangers et même aux particuliers. Mais celles-ci furent moins souvent prescrites, les directeurs préférant subir quelques pertes plutôt que d'occasionner de nouveaux troubles. On pourrait cependant en citer une dizaine d'exemples en l'espace de quarante ans.

La plupart de ces ventes obligatoires furent faites à un prix égal ou légèrement supérieur à celui des marchés publics. Elles ne motivèrent donc pas de trop violentes protestations de la part des boulangers. Souvent, d'ailleurs, la Chambre d'abondance fermait les yeux : elle ne cherchait pas à triompher de la résistance qu'elle rencontrait. Il lui suffisait que ses approvisionnements fussent renouvelés de manière à ce que les blés ne dépérissent pas. Peu lui importait que ses grains fussent pris par tous les boulangers ou seulement par quelques-uns d'entre eux. Elle hésitait à poursuivre les plus obstinés.

Elle montra cependant plus de rigueur en 1694. Après avoir, pendant la disette, délivré du blé à très bon compte, elle voulut regagner une partie de ses pertes en ordonnant une répartition de ses blés entre tous les boulangers. Elle engagea même des frais de justice pour faire exécuter sa décision (1). Les difficultés toutefois ne furent pas sérieuses, car la différence entre le prix de la livraison et le cours

---

(1) Comptes de l'Abondance, 1693-1695. GG. Chappe, IV, 534.

des marchés n'était pas énorme (1). Les boulangers n'y perdaient rien d'ailleurs, puisque la taxe du pain était provisoirement calculée d'après le prix de cette distribution (2).

**

Mais de toutes ces ventes obligatoires ordonnées par la Chambre d'abondance, celle qui offre le plus d'intérêt est, sans contredit, celle de 1710, par suite des résistances nombreuses qu'elle rencontra. Ce fut la seule aussi (3) qui fut imposée à la fois aux boulangers et aux habitants. Ce procédé, qui constituait un privilège extraordinaire, mérite bien d'attirer un instant notre attention.

Sans nous occuper ici des mesures édictées par le Consulat pour atténuer les calamités que déchaîna dans toute la France l'hiver excessivement rigoureux de 1709, nous noterons simplement que la Chambre d'abondance avait fait venir de Provence et d'Italie des quantités considérables de blé qui étaient malheureusement arrivées bien tard. Dès le mois de janvier 1710, on n'eut plus à s'inquiéter de

---

(1) Les distributions de juillet à novembre 1694 se firent au prix de 5 livres 10 sols le bichet ; GG. Chappe, IV, 534. Pendant ce temps le blé de la meilleure qualité valait à la Grenette de 4 livres à 4 livres 15 sols. BB. 252, f°⁵ 78, 84, 95 et 99.

(2) Ordonnance des juges de police du 21 juin 1694 citée par AFANASSIEV, *op. cit.*, p. 410, note 1.

(3) AFANASSIEV se fie à l'histoire de Clerjon (t. VI, p. 434) pour affirmer que le fait de la répartition entre les citoyens se reproduisit bien des fois, *op., cit.*, p. 410, note 1.

la subsistance des habitants, grâce à l'arrivée des blés achetés à l'étranger. Mais bientôt surgirent des préoccupations d'un ordre inverse. Leur prix de revient était exorbitant. Il fallait cependant songer à les écouler rapidement si l'on voulait éviter leur détérioration ; de plus, il fallait payer les créanciers de l'Abondance. Dans ses remontrances au Consulat, l'avocat et procureur général de la ville, Alexandre Prost, seigneur de Grange-Blanche, blâma sévèrement la conduite des boulangers qui s'étaient à peine contentés l'année précédente des 1.500 ânées qu'on leur délivrait chaque semaine et qui refusaient en 1710 d'en prendre seulement le tiers. « Leur résistance, ajoutait-il, ne peut être qu'un effet de leurs mauvaises intentions et d'un esprit de cabale qu'il est tenu de réprimer (1). »

Le Consulat, convaincu par la sagesse de ces observations, enjoignit donc aux boulangers « de prendre, à partir du lundi 20 janvier 1710, la quantité de blé pour laquelle chacun d'eux est compris dans le rôle enregistré au bas de la présente ordonnance, jusqu'à ce qu'autrement par nous soit ordonné ; lequel blé leur sera délivré à raison de 51 livres l'ânée, défenses étant faites aux boulangers d'en acheter des marchands qu'après qu'ils auront rempli la dite quantité, le tout à peine de 100 livres d'amende pour la première fois et de prison pour la récidive » (2). Le rôle qui suivait indiquait le nom des 136 boulangers de la ville ; ils devaient prendre 539 ânées chaque semaine.

---

(1) Acte cons. du 16 janvier 1710. BB. 271, f° 24.
(2) Ordonnance du 16 janvier 1710. BB. 271, f° 24.

Pendant les premiers jours l'ordonnance fut exécutée sans trop de difficultés, parce que le prix fixé à 51 livres l'ânée, c'est-à-dire 8 livres 10 sols le bichet, correspondait à peu près au cours du blé aux marchés de la Grenette (1). Mais, dès que les cours baissèrent, les boulangers firent entendre leurs doléances et cessèrent de prendre la quantité de blés qui leur était assignée. Ils se plaignirent surtout de la concurrence que leur faisaient les forains en apportant du pain sur les marchés de la ville. Le Consulat n'osa pas immédiatement défendre à ces derniers de vendre du pain à Lyon : car la disette était à peine terminée et le pain était encore fort cher. Mais il consentit à diminuer la quantité que les boulangers devaient prendre chaque semaine dans les greniers publics. Cette quantité fut réduite de 539 à 219 ânées par délibération du 1er avril 1710 (2).

Le prix de vente, même après cela, était resté le même, tandis que le cours du blé baissait progressivement ; les boulangers ne montrèrent aucun empressement à « lever les blés de l'Abondance ». Les greniers étaient toujours pleins ; il fallait donc trouver un autre expédient. C'est alors que le Consulat recourut au procédé qu'avait prévu l'article 11 des règlements de 1643 — la répartition générale

---

(1) Le prix du blé de qualité moyenne oscilla en janvier de 8 livres 10 sols à 9 livres 5 sols le bichet, en février de 7 livres 15 sols à 8 livres, en mars de 7 livres à 8 livres. Carcabeaux de janvier, février et mars. BB. 271, fos 33, 41, 57.

(2) GG. Chappe, IV, 455-456. — Cette délibération ne se trouve pas à la date du 1er avril dans le registre des délibérations de cette année. BB. 271.

entre tous les citoyens. — A la vérité, cet article avait été légèrement modifié lors de la refonte des règlements de 1694 et les mots « et les autres habitants de la ville », qui seuls pouvaient autoriser ce privilège, n'avaient pas été conservés dans la nouvelle rédaction (1). D'ailleurs le Consulat ne prit pas la peine de citer ce texte pour justifier son ordonnance de 1710. Il se contenta de rappeler dans un long préambule les mesures qu'il avait prises pour assurer l'approvisionnement de la ville pendant le terrible hiver de 1709 et montra la douloureuse alternative où ces événements l'avaient conduit : il devait ou bien maintenir le pain au prix élevé où il se trouvait, ou bien grossir considérablement le compte des pertes de l'Abondance en diminuant le prix de vente de ses blés. L'expédient choisi, celui de la répartition générale, avait l'avantage d'accélérer le retour du moment où de telles causes ne viendraient pas troubler les lois du prix des denrées. Le dispositif de l'ordonnance était ainsi conçu : « Nous avons invité et en tant que de besoin ordonné à toutes personnes de quelque qualité et condition qu'elles soient, même aux communautés séculières et régulières d'hommes et de filles, de lever dans les greniers de l'Abondance la quantité des blés pour laquelle ils seront compris suivant leur état et leurs facultés dans la répartition qui sera faite des blés qui restent actuellement dans lesdits greniers, conformément

---

(1) Cf. l'art. 20 du règlement de 1694 identique à l'ancien art. 11 sauf les mots ci-dessus. BB. 252, f° 22.

aux états qui seront, pour cet effet, arrêtés et remis aux sieurs officiers des quartiers, qui tiendront la main à leur exécution, dont la plus forte cote n'excédera pas 5 ânées à l'égard des particuliers autres que les boulangers. Ordonné en conséquence que le prix en sera payé comptant sur le pied de 58 livres l'ânée, entre les mains du sieur Balme, trésorier de l'Abondance, sous peine d'être déchu de tous les privilèges accordés par nos rois aux véritables bourgeois de Lyon et de 500 livres d'amende (1). »

Or, le prix de 58 livres l'ânée, quoique inférieur au prix de revient des blés d'Italie, dépassait de beaucoup le cours du blé à la Grenette (2). Le procédé parut tellement extraordinaire au Consulat lui-même, qu'il n'osa pas le prescrire de sa seule autorité ; il envoya l'ordonnance au gouverneur de la province à Paris, « pour le supplier de procurer les ordres du ministre sur cette affaire » (3). Le contrôleur général Desmarets ne fit pas attendre sa réponse ; il approuva pleinement ces dispositions : « Le roi, écrit-il au prévôt des marchands, m'a ordonné de vous écrire que son intention était que votre ordonnance fût exécutée, que vous pouviez en conséquence faire des états de la répartition des blés de l'Abondance et les faire exécuter par tous

---

(1) Ordonnance consulaire du 17 juin 1710. BB. 271, f° 94.

(2) En juin, le blé moyen valait de 28 à 32 livres l'ânée ; en juillet, il se maintenait à peu près au même prix, pour tomber en août à 26 et même à 24 livres. Carcabeaux de juin, juillet, août 1710. BB. 271, f°ˢ 102, 109, 118.

(3) BB. 271, f° 94.

ceux qui y seront compris sans aucune exception ; vous pouvez rendre ma lettre publique, je suis persuadé qu'il n'y aura personne qui ne se conforme aux intentions de Sa Majesté. M. le prévôt des marchands aura soin de m'informer de ce qui se passera au sujet de cette répartition, afin que, si quelqu'un résistait de se conformer à votre ordonnance et aux états qui seront faits en conséquence, je puisse en rendre compte à Sa Majesté et prendre ses ordres (1). »

Dès que cette approbation du gouvernement fut parvenue à Lyon, le Consulat s'empressa de faire lire et publier à son de trompe son ordonnance du 17 juin, en l'accompagnant de la lettre du contrôleur général et d'un premier état de répartition entre les trente-cinq quartiers de la ville. Celui-ci prévoyait une distribution totale de 9.270 ânées, sans y comprendre les ventes qui devaient être faites aux boulangers et aux communautés ; chaque quartier y était inscrit avec un nombre variant entre 800 ânées pour la plus forte cote, celle de Bourchanin, et 80 seulement pour le moins imposé, celui de la Pêcherie.

La publication eut lieu le 3 juillet, le Consulat laissait trois jours aux capitaines pennons pour établir des états de répartition entre les habitants de leur quartier (2). Ces états ne furent tous remis à l'Hôtel de Ville que le 10 juillet ; les échevins eurent une première déception, en constatant que les rôles

---

(1) Lettre du contrôleur général aux prévôt des marchands et échevins de la ville de Lyon, 28 juin 1710. GG. Chappe, IV, 456.

(2) GG. Chappe, IV, 456.

étaient mal faits et ne concordaient pas avec les chiffres de la première répartition. Les officiers de quartier avaient sans doute craint d'indisposer les citoyens en leur imposant une cote trop élevée. Le total de ces états partiels ne se montait qu'à 6.926 ânées 1 bichet, soit les trois quarts seulement du chiffre primitif.

Malgré cette réduction, le Consulat résolut de les mettre à exécution et il fit commencer la distribution des billets imprimés pour prévenir les habitants. Ceux des particuliers étaient ainsi conçus :

« Extrait du rôle arrêté pour le quartier de ...... Vous êtes averti que vous avez été compris pour .... ânées .... bichets, et que faute par vous d'en payer le prix entre les mains de M. Balme, trésorier de l'Abondance, dans trois jours pour tout délai, vous y serez contraint sous les peines portées par l'ordonnance de MM. du Consulat du 17 juin 1710 (1). »

Les boulangers furent prévenus de la même manière; la répartition se montait pour eux à 3.014 ânées qu'ils devaient prendre en deux fois, « savoir la moitié dans la huitaine et l'autre moitié huitaine après ; vous y serez contraints, portaient les billets imprimés, par toutes les rigueurs de ladite ordonnance, par emprisonnement et, jusqu'à ce que vous y ayez satisfait, votre boutique sera fermée. A Lyon, ce 10 juillet 1710 » (2).

Les trente-trois communautés de la ville reçurent le même jour un avertissement semblable.

---

(1) GG. Chappe, IV, 456.
(2) Id., ibid.

Cette répartition générale et obligatoire souleva les récriminations les plus vives. Tous ceux qui y étaient soumis la considérèrent comme une contribution injustifiée. Qu'était-elle en effet, sinon une taxe spéciale, un véritable impôt communal levé d'urgence et sans le moindre consentement du contribuable ? Il est difficile de refuser ce caractère à la différence entre le prix de vente fixé par le Consulat et la valeur intrinsèque du blé constatée sur le marché libre au même moment. Ce monopole provisoire de vente, si hâtivement établi par l'autorité communale, suscita donc un mécontentement général. Nous n'avons, il est vrai, retrouvé aucune protestation écrite des boulangers et des particuliers. Mais nous savons qu'ils ont opposé leur force d'inertie et que beaucoup d'entre eux ne se sont pas soumis à l'ordonnance du 10 juillet. Quant aux communautés religieuses, elles firent entendre leurs remontrances par la voix de l'Archevêque. Le Consulat finit par transiger avec lui en abandonnant la plupart de ses prétentions.

Les boulangers, qui devaient prendre au total plus de 3.000 ânées des blés de l'Abondance, n'en achetèrent que 1.625 ânées, soit un peu plus de la moitié de la quantité qui leur avait été assignée (1). Les particuliers montrèrent encore moins de soumission aux ordres du Consulat : ils ne payèrent que 2.482 ânées, c'est-à-dire environ le tiers de ce que le Consulat avait voulu leur vendre. Quant au délai fixé à trois

---

(1) Comptes de l'Abondance, 1707-1713. GG. Chappe, IV, 495.

jours, on ne s'en était pas soucié le moins du monde, puisque les sommes provenant de cette distribution figurent dans la comptabilité parmi les recettes de trois trimestres différents (1).

Le clergé ne se contenta pas de cette résistance passive. Il protesta contre cette répartition imposée à ses membres. Les communautés religieuses avaient prévenu aussitôt leur supérieur hiérarchique, l'Archevêque de Lyon, Mgr Claude de Saint-Georges. Celui-ci écrivit au gouverneur, le maréchal de Villeroy, pour blâmer l'ordonnance du 17 juin, « qui blesse les intérêts du clergé dans la forme et dans le fond... Personne, ajoute-t-il, ne peut taxer le clergé que le clergé lui-même ; lorsque le roi veut demander quelques sommes au clergé de son royaume, il le fait assembler ; ce n'est que par l'assemblée du clergé que les taxes sont faites et Sa Majesté défend à tous juges, même aux intendants, de se mêler des taxes faites sur le clergé. Sans le respect que nous avons pour Messieurs de la ville, nous n'aurions pu nous empêcher de faire signifier par notre syndic à Messieurs de la ville qu'on ne pouvait souffrir une telle nouveauté, si capable d'anéantir tous les privilèges du clergé, sans se pourvoir contre et poursuivre la cassation de leur ordonnance : mais nous attendons de vous cette justice (2). » L'Archevêque conclut en menaçant le Consulat d'un procès, parce qu'il

---

(1) Comptes de l'Abondance, 1707-1713. GG. Chappe, IV, 495.
(2) Lettre de l'Archevêque de Lyon au maréchal de Villeroy, 12 juillet 1710. GG. Chappe, IV, 457.

estime que cette répartition est « une taxe de ville pour des denrées » et que le clergé doit en être exempté.

Ni le Consulat, ni le maréchal de Villeroy ne furent de cet avis. Le Consulat, dans un mémoire adressé au contrôleur général le 20 juillet, justifia son ordonnance en faisant valoir que les communautés avaient profité des distributions de blé, lorsque, au plus fort de la disette, l'Abondance le vendait à un prix inférieur au cours des marchés publics ; puisqu'elles avaient été comprises à ce moment-là dans les distributions, elles devaient également figurer dans les rôles établis après la disette pour subvenir aux frais immenses que l'achat de blés à l'étranger avait causés. Il ajoutait qu'il ne s'agissait point « d'une taxe de ville pour denrées, mais d'une simple répartition » (1). Sans discuter sur la nature même de la taxe qu'on voulait imposer au clergé, on peut approuver le raisonnement du Consulat. Ne pouvait-on pas demander le paiement d'une contribution à tous ceux qui avaient utilisé les services de l'Abondance pendant la disette (2) ? Les privilèges du clergé ne semblaient aucunement être en jeu dans cette question.

Le maréchal de Villeroy, dans sa réponse à l'Archevêque de Lyon, l'engageait à se soumettre de bonne grâce à l'ordonnance du Consulat : « Je suis persuadé,

---

(1) GG. Chappe, IV, 457.
(2) D'après un état dressé le 2 mai 1709, les 33 communautés de Lyon comprenaient 2.359 personnes ; plusieurs n'avaient alors ni blé, ni farines dans leurs greniers. GG. Chappe, IV, 470.

lui écrit-il, que vous contribuerez aussi bien que MM. les Comtes (les chanoines de l'Eglise de Lyon) au salut d'une compagnie qui s'est sacrifiée pour la conservation de ses citoyens, vous le savez, et c'est une justice qu'on ne peut leur refuser malgré les faux et mauvais discours que plusieurs particuliers tiennent fort mal à propos et dont il ne faut guère se soucier (1). »

Enfin, le contrôleur général, consulté sur cette querelle, finit par trouver un terrain d'entente et obtint des deux partis des concessions mutuelles qui mirent un terme aux discussions. Il fut décidé que le clergé et les communautés se soumettraient partiellement à l'ordonnance du 17 juin. La quantité de blés qu'ils devaient acheter à l'Abondance était réduite à 400 ânées ; de plus, les états de répartition établis par le Consulat étaient annulés et l'Archevêque était chargé de dresser lui-même les nouveaux rôles. Le clergé avait ainsi la double satisfaction matérielle et morale de voir sa cote réduite à de moindres proportions et de rester soumis, non pas à l'autorité civile, mais à l'autorité ecclésiastique. Ces mesures, approuvées par un accord réciproque, avaient été inspirées par Desmarets dans une lettre du 4 août 1710 (2). La transaction fut donc conclue.

---

(1) Lettre du maréchal de Villeroy à l'Archevêque de Lyon, 17 juillet 1710. GG. Chappe, IV, 457.

(2) Nous n'avons pas retrouvé le texte même de la lettre du contrôleur général ; mais l'esprit en a été conservé dans un projet de délibération en date du 19 août et dans la délibération du Consulat du 4 septembre 1710. GG. Chappe, IV, 457, et BB. 271, f° 120.

Il y eut cependant quelques communautés plus rebelles, car il ne fut délivré au clergé que 344 ânées au lieu des 400 que l'archevêque avait promis de leur faire prendre (1).

En somme, cette répartition générale ne donna pas les résultats qu'en attendait le Consulat : elle avait rencontré une opposition très opiniâtre. Sans doute, les habitants les plus aisés ou les plus timorés consentirent à payer cet impôt communal ; mais beaucoup ne se laissèrent pas intimider par les pénalités qu'ils encouraient. L'opération ne donna pas les résultats désirés : le trésorier de l'Abondance n'avait pas encore remboursé tous ses créanciers ; sa caisse était vide ; ses greniers restaient encombrés. Le Consulat renonça donc au système qui lui avait causé tant de déceptions.

Pour écouler les blés de l'Abondance, il revint à l'ancien procédé des répartitions entre les boulangers seulement. Il fixa la taxe du pain en rapport avec le prix de ces livraisons forcées et interdit aux boulangers forains et autres personnes étrangères « d'apporter en cette ville aucuns grains employés en pain d'aucune qualité sous peine de confiscation et de 10 livres d'amende pour chaque contravention » (2). Mais, cette fois encore, la plupart des boulangers, tout en profitant de la permission de vendre leur pain à un prix avantageux, se soucièrent fort peu de prendre des blés de l'Abondance ; ils

---

(1) Comptes de 1707-1713. GG. Chappe, IV, 495.
(2) Ordonnance consulaire du 30 décembre 1710. BB. 271, f° 177.

n'en levèrent que 160 ânées par semaine, au lieu de 402 ânées que fixait le rôle établi le 2 janvier 1711 (1). Bien plus, l'un d'eux, un nommé Brosse, voulant être plus rusé, que ses confrères, fit signifier aux maîtres gardes de la communauté une requête « portant déclaration qu'il se départissait du droit de maîtrise, afin d'éviter par là de prendre le blé pour lequel il avait été compris dans le rôle » (2). Mais ses calculs furent déjoués ; le Consulat, ayant appris le fait, le déchargea de maîtrise et lui défendit d'exercer l'art de boulanger (3).

On voit, par cet exemple singulier de la résistance d'un boulanger, combien il était difficile de faire exécuter les ordonnances qui prescrivaient ces distributions. Le Consulat n'employa cependant pas d'autre procédé pour vendre les blés étrangers qui étaient arrivés trop tard à Lyon.

Plus tard on le modifia légèrement. Lorsque le Consulat voulut faire de nouvelles répartitions, il convoqua les maîtres gardes de la communauté des boulangers et obtint d'eux la soumission de lever dans les greniers d'abondance une quantité déterminée de blés. Les boulangers mettaient alors un certain amour-propre à exécuter les engagements de leurs représentants, tandis qu'ils avaient toujours été mécontents de l'obligation que le Consulat leur avait

---

(1) GG. Chappe, IV, 457.
(2) Idem.
(3) Délib. cons. des 16 et 19 février 1711. GG. Chappe, IV, 457. — L'une d'elles est signée du prévôt des marchands Ravat, mais elles ne se trouvent pas dans le registre des délibérations du Consulat.

imposée auparavant. Il est vrai qu'une autre raison, plus puissante à leurs yeux, les poussait à se montrer dociles : c'est que le prix de vente sanctionné par l'accord du Consulat et des maîtres-gardes était sensiblement égal au cours des marchés. Il ne faut plus s'étonner, dès lors, qu'on ne trouve plus de différences entre les états de répartition et les quantités réellement prises aux greniers (1).

La répartition des blés de l'Abondance entre tous les habitants avait eu si peu de succès en 1710, que le Consulat n'osa plus jamais recourir à cette imposition extraordinaire. Lorsque des circonstances semblables se produisirent à nouveau, il se contenta d'obliger les boulangers à prendre les blés de l'Abondance, sans inquiéter les particuliers. Les bourgeois qui cuisaient encore leur pain chez eux étaient ainsi favorisés, puisqu'ils pouvaient acheter leurs blés aux marchés ; au contraire, les pauvres gens, obligés de se servir chez les boulangers, achetaient leur pain à un prix artificiellement surélevé. Ces derniers seuls subvenaient donc aux pertes faites sur les approvisionnements.

Pendant la disette de 1740 et 1741, la Chambre d'abondance éprouva les mêmes difficultés qu'en 1709 ;

---

(1) Voir les soumissions des boulangers du 8 février 1712 et du 4 avril 1713. GG. Chappe, IV, 457. Comptes de l'Abondance, 1707-1713. GG. Chappe, IV, 495.

elle parvint à assurer la subsistance de la ville en délivrant aux boulangers de 1.500 à 1.800 ânées par semaine ; mais, dès que la nouvelle récolte fit baisser le prix du blé, ceux-ci cessèrent leurs achats à l'Abondance en dépit des ordonnances du Consulat. Comme leurs prédécesseurs, ils ne craignaient pas de répandre les bruits les plus calomnieux sur la qualité des blés qu'on leur vendait. Le Consulat fit poursuivre les auteurs des rumeurs séditieuses et prescrivit de dresser de nouveaux rôles pour la répartition des blés en rééditant les mêmes menaces : si les boulangers « persistent dans leur refus, ajoute l'ordonnance, les boutiques des contrevenants seront fermées et ils demeureront déchus de leur maîtrise, sauf à les remplacer par des compagnons, si le service du public le requiert, et seront, en outre, condamnés à 300 livres d'amende » (1).

Toutes ces pénalités si souvent édictées, mais si rarement appliquées, ne produisaient pas beaucoup d'effet. Les boulangers continuaient à opposer la même résistance à l'exécution des ordres donnés par le Consulat. Il est certain qu'ils contribuèrent fort peu à subvenir aux besoins pécuniaires de l'Abondance. Ils savaient bien profiter des services que cette institution leur offrait, lorsque la rareté des blés rendait difficiles les achats dans la région ; mais ils ne semblaient plus connaître le chemin de ses greniers, dès qu'il aurait fallu lui venir en aide pour la débarrasser de ses blés avant la baisse des

---

(1) Ordonnance consulaire du 8 août 1741. BB. 306, f° 109.

cours : en un mot, ils agissaient très humainement ; ils recherchaient avant tout leur intérêt personnel. Ajoutons, en terminant, qu'ils ne s'enrichissaient pas non plus dans cette profession. La preuve en est donnée non seulement par leurs doléances réitérées, mais aussi par le nombre des inscriptions « dû par des boulangers insolvables » qui figurent dans la comptabilité du trésorier.

Lorsque l'Abondance avait vendu ses blés des récoltes précédentes, il ne lui restait plus qu'à renouveler ses approvisionnements. Le cycle de ses opérations était à peine terminé qu'elle devait le recommencer, malgré les obstacles continuels qu'il fallait vaincre pour acheter les grains, les conduire à Lyon et les garder jusqu'au moment de la vente. A ces difficultés s'en ajoutait souvent une autre, celle de trouver de nouvelles sommes d'argent, lorsque la revente des blés n'avait pas permis de rembourser toutes les avances des directeurs ou les emprunts des créanciers. Il fallait demander au Consulat de se charger des pertes de l'exercice précédent.

Quels ont été les résultats financiers de l'Abondance ? Les pertes subies par la ville du fait de cette institution ont été certainement très élevées. Nous allons essayer de les évaluer et d'apprécier les services rendus par l'Abondance. Nous examinerons si les avantages que les habitants en ont retirés ont été en rapport avec les dépenses exceptionnelles qu'elle entraîna pour la ville de Lyon.

CHAPITRE IV

Les résultats pratiques de l'Abondance.

L'institution de l'Abondance avait subi tout au cours de sa longue carrière bien des modifications. Il est donc tout naturel que les services qu'elle rendait aient été bien différents suivant les divers régimes auxquels elle fut soumise, et tout naturel aussi, que son influence sur l'état plus ou moins prospère des finances municipales ait varié suivant la manière dont elle remplissait sa mission. Il serait donc téméraire de vouloir porter un jugement uniforme sur ses résultats pratiques. Pour découvrir d'une part les avantages qu'elle a procurés aux Lyonnais, et de l'autre, les dépenses qu'elle a entraînées, nous examinerons successivement son œuvre pendant les trois périodes que nous avions distinguées en étudiant son organisation.

Il est inutile de nous arrêter longuement aux résultats que les premières tentatives d'une Chambre d'abondance avaient donnés.

Ces essais de 1630 et de 1636 furent très courts. Il est certain, cependant, que les efforts des intendants de l'Abondance contribuèrent alors à atténuer les effets de la disette. Leurs achats directs, leurs démarches auprès des pouvoirs publics et des marchands de blé des provinces voisines facilitèrent l'approvisionnement de la ville. Les intendants prétendirent même qu'ils avaient empêché la hausse de se faire sentir avec la même intensité que dans d'autres villes du royaume (1). Toutefois, il ne faut pas que l'on exagère leur influence ; les achats directs furent assez restreints, puisque les moyens d'action ne permettaient pas qu'on se lançât dans de vastes opérations. Tout naturellement aussi, le déficit, lorsqu'ils se séparèrent, fut relativement minime (2). Il est vrai que, pour le réduire, ils eurent recours au procédé de la vente obligatoire aux boulangers. Ainsi la diminution du prix du pain fut retardée de quelques jours. La population avait donc obtenu par ce procédé des cours plus réguliers que si les boulangers avaient été livrés à eux-mêmes pendant toute la durée de la disette. Les économistes s'accordent généralement à préférer l'uniformité des prix aux variations brusques et profondes ; cette régularité des cours est même, à leurs yeux, la conséquence la plus avantageuse de la spéculation.

Section I

Résultats obtenus pendant la première période.
(1643-1694)

Après sa création comme établissement perpétuel, la Chambre d'abondance disposait des mêmes moyens d'action, des mêmes ressources qu'aupara-

---
(1) GG. Chappe, IV, 538, n° 49.
(2) 1.398 livres en 1630-1631 ; 5.659 livres en 1636-1639. BB. 185, f° 185 ; BB. 193, f° 90.

vant. Mais, comme elle était instituée d'une manière permanente, elle aurait pu, semble-t-il, se montrer plus audacieuse dans ses opérations. Cependant, au début de cette première période, c'est-à-dire de 1643 jusqu'à l'interruption provoquée par l'émeute de 1653, ses opérations furent très rarement importantes. Elle se bornait en général à acheter une quantité variant de 3.000 à 6.000 ânées de blé à l'entrée de l'automne et elle les revendait avant la récolte suivante.

Quelle influence pouvait avoir ce stock ? Pour répondre à cette question, il faudrait d'abord savoir à combien se montait la consommation totale de blé dans la ville. L'absence de statistique à cette époque nous réduit à des conjectures très approximatives. Au milieu du XVIIe siècle, la ville de Lyon devait avoir de 60.000 à 80.000 habitants (1). En se basant sur une consommation de 2 setiers (2), c'est-à-dire 1 ânée 3/5 par homme et par an, on peut supposer que la ville de Lyon consommait chaque année de 100.000 à 130.000 ânées.

---

(1) L'*Almanach de Lyon* de 1760 (pp. 165-167) donne le nombre de 117.213 habitants pour la période décennale de 1679-1688 ; mais ce chiffre, calculé uniquement d'après celui des baptêmes annuels multiplié par 30, nous paraît trop élevé. En outre il est certain que la population de Lyon a beaucoup augmenté pendant la première moitié du règne de Louis XIV. M. CHARLÉTY cite pour cette période le chiffre de 70.000 habitants (*Histoire de Lyon*, p. 127).

(2) C'est le chiffre donné par BÉGUILLET (*op. cit.*, t. II, p. 459). — HERBERT, dans son *Essai sur la police générale des grains* (p. 37), adopte le chiffre de 3 setiers, soit 2 ânées 2/5. Mais ce dernier, qui équivaut à 4 hectolitres 68, nous semble trop élevé. Cf. ROSCHER, *Economie rurale*, p. 624 ; v. *supra*, p. 13.

Une réserve de 6.000 ânées ne pouvait certainement pas mettre la ville à l'abri d'une disette, puisqu'elle ne pouvait pas procurer l'alimentation de tous ses habitants pendant plus de quinze jours.

Cependant, cette quantité jetée sur le marché à un moment propice — lorsque, par exemple, les glaces ou les inondations interrompaient la navigation — pouvait être d'un très réel secours, au moins passager. Si elle ne pouvait suffire à empêcher complètement la hausse après une mauvaise récolte, elle pouvait la retarder de quelques jours.

Quoi qu'il en soit, si l'on s'en rapporte à l'avis du Consulat, celui-ci n'aurait eu qu'à se féliciter de cette institution. Il croyait sincèrement à l'heureuse influence des opérations de la Chambre d'abondance. Il déclare, notamment en 1651, « que les blés se seraient vendus beaucoup plus qu'ils n'ont fait, sans les grands soins, prévoyances et vigilances des intendants et directeurs de l'Abondance » (1). Mais ce jugement nous semble bien empreint d'optimisme.

Les intendants eurent, pendant ces premières années, la chance de revendre leurs blés sans trop de pertes ; s'ils ne retrouvaient pas la totalité de leurs frais généraux, du moins ne subissaient-ils qu'un déficit insignifiant. Ils furent, toutefois, moins heureux de 1650 à 1653 : leurs pertes se montèrent à 110.000 livres pendant ces quatre années (2). Et cependant, quelque importante que soit déjà cette somme,

---

(1) GG. Chappe, IV, 448.
(2) Délib. cons. du 30 décembre 1653. BB. 207, f° 560.

elle paraît minime lorsqu'on la compare au chiffre des dépenses ultérieures.

Après une interruption de quatorze ans, la Chambre d'abondance reprit ses anciennes habitudes; elle réduisit ses achats à 2.000 ou 3.000 ânées par an, parfois même à des quantités moindres. Aussi, en examinant de près les comptes établis par les trésoriers, on en vient à se demander quels services cette institution rendait à la ville, lorsqu'elle se bornait à acheter moins de 700 ânées en deux ans. Les comptes de 1682 et 1683 (1) sont très suggestifs à cet égard : pour ces deux exercices, ils ne mentionnent qu'un seul achat et une seule vente de 670 ânées. Le garde-magasin envoyé en Bourgogne n'avait pas trouvé de grains au prix que les directeurs lui avaient fixé. Mais alors à quoi servait l'Abondance ? Quelle utilité présentait-elle ? S'il était survenu la moindre hausse sur les blés, une réserve aussi minime n'aurait été d'aucun secours pour les habitants. Et pourtant les frais généraux subsistaient ; les directeurs touchaient même très régulièrement les intérêts à 5 % des sommes qu'ils avaient avancées à leur entrée en fonction. Ce n'était cependant pas pour fournir aux directeurs l'occasion d'un placement que le Consulat avait fondé l'Abondance.

En somme, pendant toute cette première période et surtout après l'interruption de 1653-1667, la Chambre n'avait pas su remplir la mission que

---

(1) Les achats effectués en 1684 et 1685 n'ont guère été plus importants. GG. Chappe, IV, 530.

l'assemblée des notables de 1643 lui avait confiée. Elle n'a jamais constitué de réserves qui puissent garantir la ville contre les calamités d'une disette. Elle fut, il est vrai, assez bien servie par les circonstances ; si nous exceptons la cherté de 1643, au cours de laquelle elle fut établie, et celle de 1650-1653 qui la vit sombrer, elle fut favorisée par une série de récoltes ou bonnes ou moyennes (1).

Lorsque survint la disette de 1693-1694, elle n'était pas préparée pour la supporter. Ses greniers étaient presque vides. La misère de la population allait stimuler son activité et suggérer au Consulat l'idée de modifier les règlements de la Chambre d'abondance, en vue de lui procurer des moyens d'action plus étendus.

Somme toute, l'institution n'avait présenté qu'une utilité très douteuse depuis sa fondation jusqu'en 1693. Nous ne pouvons qu'approuver le jugement que portait sur elle l'intendant de la généralité de Lyon, Lambert d'Herbigny. Dans un rapport, composé à la demande de M. de Beauvilliers pour l'instruction de son élève, le duc de Bourgogne, il écrivait en 1697 : «Il y a dans Lyon une Chambre de l'Abondance qui doit être composée de huit ou dix marchands et d'un receveur ; un des échevins y doit présider. Son institution est d'avoir toujours une provision de blé assez raisonnable pour prévenir les malheurs des années stériles et pour empêcher

---

(1) Voir aux appendices le prix moyen annuel du blé au marché de la Grenette.

l'augmentation excessive du prix du pain. Mais cette institution est fort négligée ; sur le pied qu'est aujourd'hui la Chambre, elle est toujours prise au dépourvu; elle n'agit que quand le mal est arrivé ; heureusement la ville est dans une situation qu'il est malaisé qu'elle soit affamée que par des malheurs extraordinaires et de durée (1). »

« Prise au dépourvu », tel est bien le mot qui convient le mieux pour peindre la situation de la Chambre d'abondance à la veille de la disette de 1693. Mais, si pendant toute cette période elle n'a rendu que des services insignifiants, il faut dire, à son éloge, que sa gestion n'a pas été très onéreuse pour les finances de la ville. Elle sut les ménager en évitant de se lancer dans des spéculations hasardeuses et en recourant parfois au système des distributions obligatoires aux boulangers. De 1667 à 1693, ses pertes ne dépassèrent pas 117.000 livres ; en y ajoutant celles des dix premières années (1643-1653), nous arrivons au total de 239.000 livres pour ce demi-siècle d'existence (2). Cette somme paraît très

---

(1) *Mémoire sur le Gouvernement de Lyon* de l'intendant LAMBERT D'HERBIGNY, publié par la *Revue d'Histoire de Lyon*, 1902, t. I, p. 327. Celui-ci fut intendant à Lyon de 1694 à 1702. — Mlle Chavannes, en commentant ce Mémoire, publie sous la même page la note suivante concernant la Chambre d'abondance : « Créée en 1640, reconstituée en 1709, elle ne fonctionne que dans les cas graves ». Dans cette courte note il y a autant d'erreurs que d'assertions : la date de 1640 est fausse ; il n'y eut pas de reconstitution en 1709 ; enfin elle fonctionnait d'une manière permanente même en dehors des cas graves.

(2) Ces chiffres résultent soit de la comptabilité de l'Abondance (GG. Chappe, IV, 527 à 533), soit des registres des Actes consulaires de 1643-1693 (BB. 197 à 251).

modérée quand on la répartit sur cinquante ans : elle est cependant trop élevée, si l'on considère les avantages très minimes qu'elle a procurés aux Lyonnais.

Au fond, c'est le commerce des marchands de blé, ce sont les achats des boulangers qui seuls ont assuré l'alimentation des habitants, comme ils l'avaient fait jusqu'à la création de l'Abondance ; celle-ci ne leur avait encore prêté qu'un concours très restreint.

SECTION II

Résultats obtenus pendant la deuxième période.
(1694-1747)

Mais la modification des règlements, effectuée en 1694, allait bien changer les choses et donner à l'Abondance une importance toute nouvelle. Ce fut la disette de 1693 qui fut la cause de cette transformation.

§ I. *Disette de* 1693-1694. — Dès le mois d'avril, la récolte s'annonçait déjà comme devant être très mauvaise et le blé subit une hausse rapide. Les directeurs de l'Abondance n'avaient pas prévu cette situation ; ils furent pris à l'improviste. Leurs greniers ne renfermaient alors que 1.000 ânées environ. Ces réserves insuffisantes furent épuisées pendant le seul mois d'avril par des ventes aux boulangers (1). Dès lors l'approvisionnement devint plus

---

(1) Comptes de 1692-1693. GG. Chappe, IV, 532.

difficile et le prix du pain fut augmenté. Le peuple mécontent se livra à une émeute à Bellecour les 17 et 18 mai (1).

Le Consulat, l'Archevêque, l'intendant et les directeurs de l'Abondance résolurent d'unir leurs efforts pour venir au secours de la population affamée. Malheureusement les greniers de la Bourgogne leur étaient fermés par l'ordre de l'intendant de cette province. Le contrôleur général avait écrit à Mgr Camille de Neuville pour l'avertir que la ville de Lyon devait tirer toutes ses ressources de la Provence et du Languedoc (2). Un ancien échevin, de Lafont, fut donc envoyé à Arles et à Marseille pour y acheter des « blés jusques à 6.000 ânées et davantage, si dans la suite le Consulat le juge à propos » (3).

On ne saurait contester le très gros effort fourni par l'Abondance pendant toute la durée de cette disette. Du mois de mai 1693, à la fin du mois d'août 1694, 30.000 ânées environ furent achetées par ses soins (4) et distribuées aux boulangers au fur et à mesure de leur arrivée. Le prix de vente était souvent inférieur à celui des marchés de la Grenette. Elle eut toutefois le tort de continuer trop longtemps ses achats, de sorte que les dernières barques arrivèrent à Lyon au moment de la moisson de 1694 et

---

(1) V. *supra*, p. 71.
(2) Acte consulaire du 19 mai 1693. BB. 251, f° 57.
(3) Acte consulaire du 26 mai 1693. BB. 251, f° 62.
(4) Comptes de l'Abondance, 1692-1693 et 1693-1695. GG. Chappe, IV, 532-534.

de la grande baisse des prix (1). Il fallut alors recourir aux distributions obligatoires (2) pour éviter de trop grosses pertes, et par là même la diminution du prix du pain fut légèrement retardée.

C'était au moment le plus critique de la disette que les règlements de la Compagnie de l'Abondance avaient été modifiés. Les malheurs avaient ainsi permis la transformation radicale de ses habitudes. Avant 1694, elle ne faisait que des achats très minimes ; puis brusquement elle est chargée d'assurer une part notable de la subsistance de la ville, près du quart de la consommation annuelle, qui devait dépasser 120.000 ânées (3). Cette situation anormale s'explique par l'interdiction absolue de la traite des blés hors de la Bourgogne et par ce fait « qu'aucun marchand de blé n'avait commerce du côté de Provence » (4). Laissée aux seuls efforts des boulangers et des marchands de blé, la ville aurait subi une misère plus accentuée ; car les marchands n'auraient pas consenti à faire le commerce avec la Provence sans être certains d'en tirer un sérieux bénéfice. L'Abondance, au contraire, livra ses blés avec perte jusqu'à l'entrée à Lyon des premiers

---

(1) Le 29 mai, le blé le plus beau valait 10 livres 5 sols le bichet et le moyen 8 livres 17 sols ; 7 semaines après, le 17 juillet la cote était descendue à 4 livres pour le plus beau et à 3 livres 10 sols pour le moyen. Des écarts si considérables déroutaient toutes les prévisions (Carcabeaux de mai et juillet. BB. 251, f°s 67 et 84).

(2) Ordonnance de police du 21 juillet 1694. GG. Chappe, IV, 468.

(3) LAMBERT D'HERBIGNY évaluait en 1697 la population de Lyon à 70.000 habitants. (*Revue d'Histoire de Lyon*, 1902, t. I, p. 75). Son estimation nous paraît plutôt trop faible pour cette époque.

(4) BB. 251, f° 58.

grains de la nouvelle moisson. Le déficit ne fut d'ailleurs pas considérable ; le fonds de 120.000 livres avancé par le Consulat en 1694 suffit à le combler.

Dès que la disette de 1693-1694 fut passée, la Chambre d'abondance reprit ses anciens errements. Elle ne paraît pas s'être beaucoup inquiétée d'observer son nouveau règlement. Elle négligea fréquemment l'obligation qu'il lui faisait d'avoir toujours 10.000 ânées dans ses greniers, comme si la leçon de 1693 n'avait pas été suffisante.

Les achats effectués en 1696 et 1697 furent insignifiants (1). Ceux de 1698 furent plus importants : à la fin de l'année, l'Abondance avait presque la quantité réglementaire et ses 8.500 ânées se vendirent rapidement. Ce stock eut une heureuse influence sur le prix du pain ; après son épuisement, les opérations furent continuées jusqu'à la récolte suivante (2).

Pendant quelques années encore, l'Abondance ne conserva pas de réserves suffisantes dans ses greniers. Elle se bornait à faire des achats annuels de 2.000 ou 3.000 ânées, qui ne pouvaient avoir aucun effet sur l'alimentation de la ville, puisque des stocks aussi faibles risquaient d'être trop vite consommés à la première apparition d'une période de cherté.

§ II. *La famine de* 1709. — La disette de 1709 vint encore la surprendre à un moment où elle n'avait aucune provision dans ses greniers. L'exactitude

---

(1) Comptes de 1695-1696. GG. Chappe, IV, 534.
(2) Dans toute l'année 1699, il fut distribué aux boulangers environ 29.000 ânées au prix des marchés publics. Comptes de 1699. GG. Chappe, IV, 535.

du jugement de Lambert d'Herbigny se vérifiait une fois de plus : « Elle est toujours prise au dépourvu ; elle n'agit que quand le mal est arrivé. »

C'est que l'Abondance négligeait trop son rôle préventif : au lieu de faire pendant les années fertiles des réserves de blé qu'elle aurait conservées jusqu'aux années stériles, elle se bornait à concourir avec les boulangers et les marchands de blé à l'approvisionnement de la ville dans les circonstances pénibles. En somme, elle fonctionnait à vide, si l'on peut s'exprimer ainsi, pendant les années normales pour marcher à pleine charge dans les moments critiques. L'année 1709 fut une de ces phases difficiles ; elle l'obligea à fournir tous ses efforts pour amener à Lyon les subsistances qui faisaient défaut non seulement dans la ville, mais presque dans tout le royaume.

Il convient ici de rappeler brièvement les mesures prises par ses directeurs en vue d'atténuer les conséquences d'une véritable famine. La récolte de 1708 ayant été médiocre, la hausse du prix du blé, commencée dès le mois de juillet, s'accentua en septembre et en octobre 1708. L'agent de l'Abondance envoyé en Bourgogne eut quelques difficultés pour y trouver des blés et pour les sortir de la province ; il en acheta cependant environ 10.000 ânées qui furent délivrées aux boulangers en septembre et en octobre. L'arrêt du Conseil du 22 septembre 1708 (1),

---

(1) Cette autorisation générale fut prorogée plusieurs fois et subsista jusqu'au 10 octobre 1710, c'est-à-dire pendant toute la durée de la disette.

en autorisant le transport des grains d'une province à l'autre et en les déchargeant de tous droits, supprima un obstacle très réel. Mais les marchands de Lyon profitèrent à peine de cette facilité qu'on leur accordait ; ils préférèrent laisser à l'Abondance le soin de fournir du blé à tous les boulangers. Comment d'ailleurs auraient-ils concouru ou lutté avec elle, puisqu'elle les livrait avec perte ? Plus elle les livrait bon marché pour retarder l'augmentation de la taxe du pain, plus elle empêchait par là même le commerce des marchands de blé.

La hausse du prix des grains continua pendant l'automne et s'accentua pendant les premiers mois de l'année 1709.

L'hiver fut très rigoureux ; le froid, qui se fit sentir du 6 janvier jusqu'au 2 février, fut tellement intense que tous les grains gelèrent en terre. La misère fut terrible et n'épargna aucune région de la France. Le gouvernement commit alors une lourde faute en défendant aux paysans de réensemencer leurs terres.

Pour remédier à cette famine, le Consulat prit tout un ensemble de mesures exceptionnelles. Il commença par obliger tous les étrangers et les gens sans aveu à sortir de la ville. Puis il exigea de tous les citoyens une déclaration de la quantité de blé qu'ils possédaient (1) ; de la sorte, il connut avec exactitude les ressources dont la ville disposait encore. Le 30 avril, il imposa aux communautés et aux particuliers, qui avaient du blé ou de la farine, de s'en servir et leur

---

(1) Ordonnance consulaire du 10 avril 1709. BB. 270, f° 43.

interdit « de prendre à l'avenir du pain chez les boulangers... sauf à faire une nouvelle déclaration par écrit huit jours avant que leurs provisions leur doivent manquer » (1).

L'ensemble de ces déclarations montre qu'à la date du 2 mai 1709 les provisions des boulangers, des communautés et des particuliers étaient minimes : elles se montaient seulement à 5.800 ânées ; les 125 boulangers de la ville n'en avaient même pas 900 ânées entre eux tous, c'est-à-dire pour 4 ou 5 jours ; enfin, il y avait 67.160 personnes qui n'avaient chez elles ni pain, ni farine (2). Le Consulat résolut d'assurer la subsistance de toute cette population en délivrant aux boulangers les blés achetés par l'Abondance. Il leur vendit ainsi, de janvier à juillet 1709, de 1.000 à 1.200 ânées par semaine. Les prix de vente furent portés successivement à 30, 45, 47 ½ et 51 livres l'ânée, en même temps qu'à la Grenette, les petites quantités amenées au marché s'enlevaient à 35, 60, 78 et 96 livres l'ânée (3). En donnant ses blés à si bon compte, l'Abondance permit d'éviter une hausse trop considérable du pain.

---

(1) Ordonnance consulaire du 30 avril 1709. BB. 270, f° 59.

(2) Cet état dressé le 2 mai 1709 équivaut, pour ainsi dire, à un recensement ; il indique pour toute la ville le nombre de 87.689 habitants. Nous ne savons pas cependant si les très jeunes enfants y sont compris. GG. Chappe, IV, 470-471.

(3) Cf. les comptes de l'Abondance, 1709-1713 (GG. Chappe, IV, 495), et les carcabeaux de janvier à septembre 1709. BB. 270, f°° 17, 31, 42, 67, 75, 88, 103, 128 et 133. — Le 25 mai, le froment le plus beau se vendit 17 livres 10 sols le bichet, le moyen 15 livres 10 sols, le moindre 13 livres 10 sols.

Pour empêcher les abus de se produire, le Consulat réglementa avec beaucoup de soin les distributions de pain faites à toutes les personnes qui n'avaient aucune provision de blé ou de farine. Chaque individu recevait toutes les semaines une carte qui lui était remise par l'officier de quartier ; cette carte lui permettait d'aller acheter chez son boulanger le pain qu'il lui fallait pour lui et pour sa famille à raison d'une livre par personne. Chaque jour, le boulanger piquait la carte, afin qu'elle ne pût pas servir à exiger un nouvel achat (1). Ce système de distribution inauguré le 5 mai fut probablement conservé jusqu'aux derniers jours de l'année ; on le pratiquait certainement au mois de juin 1709, puisque le Consulat décida que tous les habitants continueraient « de prendre leur pain chez leurs boulangers ordinaires sur les billets des officiers des quartiers où ils font à présent leur résidence, quand même ils changeraient de quartier au jour de Saint Jean prochain » (2).

Ce pain vendu à tout le monde était d'une qualité inférieure : c'était « le pain à tout », « dans lequel toute la fleur et le gros son sont employés » (3). Toutefois cinq boulangers pour toute la ville avaient la permission de faire de la miche et du pain ferain ; mais l'Abondance ne leur délivrait point de blé ; aussi la miche valut-elle jusqu'à 7 sols 6 deniers la

---

(1) Mémoire contenant le détail de ce qui s'est passé à Lyon. GG. Chappe, IV, 453.
(2) Délib. cons. du 20 juin 1709. BB. 270, f° 79.
(3) Ordonnance consulaire du 30 avril 1709. BB. 270, f° 60.

livre (1). Les habitants qui achetaient de ce pain se virent retirer leurs cartes pour la distribution du pain à tout.

Telles sont les principales mesures prises par le Consulat pour réglementer la vente du pain. Elles étaient surtout dirigées contre les gens des campagnes voisines en les empêchant de venir en acheter à Lyon : la sortie des blés ou même du pain était très sévèrement défendue. Aussi le pain valut-il toujours « 2 sous de plus par livre à une lieue de Lyon que dans la ville » (2). Ce fait matériel démontre bien avec évidence que la population de la ville profita des libéralités de l'Abondance pendant les années de misère.

Le Consulat désirait cependant réduire les achats de l'Abondance ; il aurait voulu la décharger du souci de procurer l'alimentation presque entière de la ville. Il invita donc tous les marchands et les particuliers « à profiter de la liberté du commerce des blés pour acheter et faire conduire en cette ville tous les blés dont ils pourront faire des marchés tant dans le royaume que chez les étrangers pour contribuer à procurer l'abondance dans cette ville et dans les provinces de ce gouvernement » (3). Ces belles exhortations ne produisirent aucun effet. Les marchands n'étaient pas assez audacieux pour entreprendre le commerce des blés avec l'étranger

---

(1) Mémoire à M. d'Argenson. Le prix moyen de la miche de 1671 à 1700 avait été d'environ 1 sol 6 deniers la livre. GG. Chappe, IV, 453.
(2) Id., ibid.
(3) Délib. cons. du 4 juin 1709. BB. 270, f° 73.

sans être certains d'en retirer un gain sérieux, et la concurrence de l'Abondance les engageait à réduire leurs opérations au lieu de les étendre.

La Chambre d'abondance se trouva donc obligée d'assurer à elle seule la fourniture de blés aux boulangers ; mais elle fut aidée dans cette lourde tâche par l'Aumône générale, qui s'occupa de l'entretien des indigents, et par le Consulat, qui prit la direction effective du service des approvisionnements.

Les premiers achats furent effectués en Bourgogne, en Lorraine et en Provence ; puis, au moment le plus aigu de la crise, le Consulat résolut d'entreprendre de vastes opérations en Italie. Un ancien juge conservateur, Castigliony, fut chargé de les mener à bien. Mais on eut le tort de lui conférer des pouvoirs trop étendus, en lui confiant la mission d'assurer l'approvisionnement de la ville jusqu'à la fin de l'année 1710 (1). Ce fut une faute, car l'on devait logiquement prévoir une récolte moyenne pour cette année. Les achats de Castigliony ne furent pas arrêtés assez tôt. Plusieurs bateaux de blé arrivèrent à Lyon en juin et juillet 1710, au moment où les blés de la nouvelle récolte occasionnaient une baisse de prix très brusque. C'est alors que le Consulat recourut au procédé extraordinaire de la répartition générale que nous avons expliqué dans le chapitre précédent.

L'insuccès de cet expédient ne permit pas à la Chambre d'abondance de combler les pertes qu'elle venait de subir depuis dix-huit mois. Dans ce laps

---

(1) Délib. cons. du 23 mai 1709. BB. 270, f° 69.

de temps, elle avait acheté 72.300 ânées (1), qu'elle avait délivrées aux boulangers à un prix bien inférieur à celui des marchés ; son prix de vente ne dépassa pas 8 livres 10 sols le bichet, tandis qu'il monta à la Grenette jusqu'à 17 livres 10 sols et ne descendit pas au-dessous de 9 livres depuis le 13 avril jusqu'au 21 décembre 1709. Ces générosités devaient se traduire par des pertes importantes : effectivement l'Abondance accusa dans son bilan un déficit de 1.257.000 livres (2).

Le remboursement de cette somme aux créanciers de l'Abondance aurait absorbé les recettes de la ville pendant près d'une année (3). Un emprunt fut donc jugé nécessaire : il fut autorisé par un édit du 30 juin 1711 (4). Le gage donné aux prêteurs pour garantir le paiement des intérêts et l'amortissement de l'emprunt consistait dans une nouvelle imposition accordée à la ville de Lyon sur l'entrée des soies pour une période de douze années (5).

Sur le produit de cet emprunt, un premier acompte

---

(1) Comptes de 1709-1713. GG. Chappe, IV, 496, n° 54.

(2) Comptes de l'Abondance, 1707-1713. GG. Chappe, IV, 495.

(3) En 1693 les recettes annuelles de la ville étaient évaluées à 1.336.600 livres. BB. 252, f° 10.

(4) Son montant fixé à 2.200.000 livres comprenait deux parts : l'une de 1.000.000 pour la liquidation des dettes de l'Abondance ; l'autre de 1.200.000 livres devait former un « don gratuit offert à Sa Majesté ». Cet euphémisme, fréquent sous l'ancien régime, servait à désigner la « finance » moyennant laquelle le roi exemptait une ville d'une imposition qu'il avait l'intention de créer. Dans le cas présent il s'agissait de la « levée du doublement de tous les octrois des villes et communautés ». Cf. BB. 272, f° 54.

(5) Elle fut fixée à 7 sols 6 deniers sur chaque livre de soie étrangère et de 2 sols 6 deniers par livre de soie originaire. BB. 272, f° 55.

de un million fut versé en décembre 1711 entre les mains du trésorier de l'Abondance par le receveur de la ville (1); le solde lui fut remis en novembre 1714 lorsque tous ses comptes furent définitivement approuvés par le Consulat (2).

Voilà quels furent les événements les plus saillants de cette terrible disette de 1709 et les conséquences financières qu'elle entraîna pour la Chambre d'abondance. Au milieu de faits aussi complexes, il est difficile d'apprécier équitablement les bienfaits que la Chambre a procurés aux Lyonnais pendant cette calamité.

D'une part, il est incontestable que ses efforts ont maintenu pendant plus d'une année le prix du pain à un taux raisonnable et moins élevé que dans plusieurs villes du royaume. Par une réglementation très sévère, le Consulat permit d'assurer à tous les citoyens une quantité de pain réduite, mais cependant suffisante. On ne saurait donc nier les avantages qu'en retira toute la population, les ouvriers et les pauvres surtout. En délivrant du blé aux boulangers à 15 ou 20 livres par ânée au-dessous de son prix de revient, l'Abondance faisait preuve d'une grande générosité : mais, d'autre part, comme toute libéralité consentie par une collectivité, celle-ci devait retomber sur la masse pour être payée finalement par la collectivité tout entière sous la forme d'un appel aux contribuables. Cet appel eut lieu de deux manières

---

(1) BB. 272, f° 204.
(2) Acte consulaire du 25 octobre 1714. BB. 275, f° 169.

différentes ; ce fut d'abord la répartition obligatoire des blés de l'Abondance entre les boulangers et même entre les particuliers ; ce fut ensuite et pendant douze années l'impôt sur les soies.

Sans doute, c'était payer assez cher les bienfaits obtenus pendant la disette. Et pourtant que serait devenue la population, sans les secours accordés par la ville ? Si la Chambre d'abondance n'avait pas existé, si le Consulat ne s'était pas laissé émouvoir par la misère de ses administrés, il est probable que les marchands de blé n'auraient pas laissé mourir de faim leurs concitoyens ; ils auraient sans doute entrepris le commerce même à l'étranger. Seulement quel eût été le prix du pain dans la ville ? Et comment les ouvriers auraient-ils pu subvenir à l'entretien de leurs familles ?

Des circonstances aussi exceptionnelles que la famine de 1709 semblent bien légitimer l'intervention des pouvoirs publics dans les services de l'alimentation. Le Consulat recourut au système des achats directs qu'il avait si souvent employé pendant les deux siècles précédents. Il ne songea pas aux primes à l'importation, quoique ce dernier procédé, croyons-nous, eût été à même de produire les mêmes résultats avec moins de frais pour les finances de la ville.

La disette de 1709 fut une leçon rigoureuse que les directeurs de l'Abondance n'auraient pas dû négliger. Elle ne porta pas cependant les fruits qu'on pouvait en attendre. Dans les années qui suivirent — découragés sans doute de voir que leurs efforts avaient abouti à des pertes considérables — les directeurs limitèrent leurs achats bien au-dessous du minimum de 10.000 ânées qu'avait fixé le règlement de 1694. Aussi l'Abondance ne rendit-elle presque plus aucun service depuis 1715 jusqu'à 1730.

Cependant, malgré le peu d'activité qu'elle déploya pendant ces quinze années, elle trouva le moyen de perdre environ 367.000 livres (1). Ses opérations ne furent cependant jamais bien importantes : de 1720 à 1722, elle acheta 22.000 ânées (2) ; pour les trois années de 1725 à 1727, elle se contenta de 17.000 ânées (3). Ces achats étaient trop modérés pour être réellement efficaces.

Toutefois, deux événements d'importance inégale parvinrent à réveiller la Chambre de la torpeur dans laquelle le découragement semblait l'avoir plongée : la légère modification apportée au règlement en 1730 et surtout la construction, achevée en 1728, des nouveaux greniers de Serin, qui pouvaient contenir de 30.000 à 40.000 ânées.

Son activité se manifesta par des achats réguliers de 7.000 à 8.000 ânées par an ; elle dépassa même légèrement cette quantité en 1733, à l'occasion d'une courte période de cherté. Le Consulat avoue en toute franchise le déficit qu'elle a éprouvé : « Les circonstances de l'année dernière, dit-il, ayant engagé les

---

(1) Dont 120.000 livres payées au trésorier de l'Abondance en 1715 et 186.000 en 1716 (BB. 277, f° 46, et BB. 278, f° 92). Le surplus lui fut remis en plusieurs fois. BB. 281, f° 19 ; 287, f° 212 ; 288, f° 147 ; 291, f° 69 ; 292, f°ˢ 14 et 88.
(2) Comptes de 1720-1722. BB. 280, f° 14.
(3) Comptes de 1725-1727. BB. 292, f° 14.

— 207 —

directeurs à prendre des précautions extraordinaires pour empêcher que le prix du pain ne fût porté à trois sols la livre, la perte de 100.000 livres est aussi réelle que la nécessité de faire un nouveau fonds à cette compagnie, sans quoi elle tomberait (1). » Ce déficit provenait simplement de la livraison de ses blés qu'elle avait faite aux boulangers à un prix légèrement inférieur au cours des marchés. Mais ses ventes n'atteignirent même pas 10.000 ânées (2).

§ III. *Disette de* 1740-1741. — Pendant la disette de 1740-1741, la Chambre d'abondance donna de meilleures preuves de son activité. Elle acheta pendant ces deux années plus de 70.000 ânées qu'elle fit distribuer aux boulangers pendant l'hiver à raison d'environ 1.000 ânées par semaine (3). Le Consulat eut la satisfaction de croire à l'efficacité de ces opérations. « Les citoyens de cette ville, écrivait-il, ne se sont ressentis de cette cherté générale que par une légère augmentation sur le pain, dont le prix est encore actuellement moins haut que dans les autres lieux du royaume (4). »

Effectivement la disette de 1740 n'eut pas dans la région lyonnaise la même gravité qu'ailleurs. La comparaison des prix du blé à Lyon et à Bourg-en-Bresse avec ceux de la région parisienne et avec le

---

(1) Délib. cons. du 24 décembre 1733. BB. 297, f° 139.
(2) Comptes de 1730-1733. GG. Chappe, IV, 506.
(3) Cf. BB. 306, f° 106, et comptes de 1734-1742. GG. Chappe, IV, 506 à 508.
(4) BB. 306, f° 107.

prix moyen de toute la France ne laisse aucun doute à cet égard (1).

Néanmoins, comme en 1709, les achats faits par l'Abondance furent continués trop longtemps et, lorsque la récolte de 1741 parvint sur le marché, les boulangers ne voulurent plus se servir aux greniers d'abondance. Il fallut une fois encore imposer à tous les boulangers une distribution obligatoire, et cet expédient lui-même ne réussit pas à sauver les finances de l'Abondance.

Pour payer les dettes de cette administration, le Consulat dut payer plus de 552.000 livres de 1741 à 1745 (2). Il demanda au gouvernement la permission d'emprunter un million « pour liquider la Chambre d'abondance » (3). Le contrôleur général se fit prier sans doute, car l'autorisation ne fut accordée qu'au mois de mai 1743. L'emprunt fut souscrit par des banquiers de Gênes au taux de 4 ½ % par an. Son montant — 270.000 écus de Gênes, c'est-à-dire un million de livres — fut employé non seulement au remboursement de tous les créanciers de l'Abondance, mais aussi à payer de nouveaux achats de blé à la fin de l'année 1746 (4).

---

(1) Cf. les graphiques publiés par le vicomte D'AVENEL dans son *Histoire économique de la propriété, des salaires, des denrées*, t. II, in fine.

(2) Dont 306.000 livres par acte consulaire du 7 juillet 1741, BB. 306, f° 102, et 246.000 livres délivrées au trésorier de l'Abondance à sept reprises différentes. BB. 310, f°s 76, 144 et 181, et BB. 311, f°s 24, 83, 116 et 146.

(3) Lettre du Consulat au gouverneur le duc de Villeroy, 17 mars 1742. AA. 130, f° 34.

(4) Le trésorier de l'Abondance reçut en 1746 du Consulat 239.000 livres, dont 164.000 pour rembourser d'anciens créanciers et 75.000 pour faire de nouveaux achats. BB. 312, f°s 39, 101, 143, 182 et 203.

C'est par cette liquidation onéreuse que se termine la seconde période de la Chambre d'abondance. Elle avait été beaucoup moins favorisée par les circonstances que la première. Elle avait commencé au milieu de la disette de 1693-1694, puis elle avait supporté la famine de 1709 ; elle s'achevait enfin, à la suite de la cherté de 1740. La mission des directeurs avait donc été plus difficile à remplir. Ils disposaient de moyens d'action plus efficaces que leurs devanciers, mais ils furent entraînés à des dépenses plus considérables. Aussi leurs avances personnelles et la somme mise à leur disposition par le Consulat avaient-elles été rapidement épuisées.

Il n'est pas douteux que les sacrifices financiers consentis par les pouvoirs publics pour assurer la subsistance des habitants pendant ces trois disettes aient produit un véritable bienfait pour toute la population. Les efforts de la Chambre d'abondance ont empêché le prix du pain de s'élever à un taux excessif. Mais ce n'est pas par la formation de réserves permanentes de blé qu'elle a obtenu ces résultats avantageux ; c'est, au contraire, par des achats effectués au moment où la cherté des grains se faisait sentir. Elle n'a donc jamais rempli son rôle primordial qui consistait à conserver un approvisionnement suffisant pour prévenir les disettes. Elle s'est contentée de son rôle subsidiaire, en remédiant de son mieux au mal accompli. Ce second système, beaucoup moins efficace que le système préventif, devait nécessairement donner de mauvais résultats financiers. Le déficit logique et naturel de ses opérations fut encore accru par les générosités du Consulat, qui fit livrer les blés de l'Abondance au-dessous de leur prix de revient. Aussi les pertes subies par la ville du fait de cette administration se sont-elles élevées pendant ce demi-siècle à plus de 2.600.000 livres (1), soit à plus de dix fois ce qu'elles avaient été pendant la première période.

Section III
Résultats obtenus pendant la troisième période.
(1747-1777)

Lorsque le Consulat confia à un échevin le soin de s'occuper seul de l'Abondance, il espéra sans doute réduire les dépenses qu'elle entraînait. La réforme de 1747 eut, au contraire, des conséquences plus désastreuses pour les finances municipales. Ce nouveau régime présentait au moins deux inconvénients : il contribuait d'abord à enlever à cette administration cet esprit de suite sans lequel aucun commerce ne peut prospérer ; car l'unité était bien difficile à conserver avec le changement annuel de l'échevin chargé de ce service. En outre, le Consulat,

---

(1) Voici, par petites périodes, le détail approximatif de ces pertes :

1693-1694	120.000	livres
1698	120.000	—
1709-1710	1.270.000	—
1715	120.000	—
1716-1717	186.000	—
1719-1728	60.000	—
1733	100.000	—
1740-1746	706.000	—

ayant une influence plus directe sur un de ses membres que sur une commission de notables, pouvait l'obliger à consentir des libéralités onéreuses. Les circonstances pouvaient l'engager à secourir la population d'une manière plus efficace, mais aussi plus coûteuse, et ces circonstances ne tardèrent pas à se présenter.

§ I. *La cherté de* 1748 *à* 1750. — L'Abondance venait à peine de passer aux mains du Consulat, lorsqu'elle eut à subir le contre-coup des mauvaises récoltes de 1747 et 1748. La situation fut même aggravée du fait que la cherté des grains coïncidait avec le chômage des ouvriers en soie.

Dès le mois de mars 1747, le bichet de blé atteignit, à la Grenette, le prix de 5 livres. La hausse s'accentua même à l'automne, quand on eut constaté le déficit de la récolte ; elle se maintint pendant toute l'année 1748. A plusieurs reprises, le Consulat refusa d'augmenter la taxe du pain (1). Mais cette mesure n'était possible qu'autant qu'il consentait à vendre les blés de l'Abondance au-dessous de leur prix de revient.

Cette situation obligea l'Abondance à entreprendre des opérations très importantes. Les récoltes de 1747, 1748 et 1749 ayant été très médiocres, il fallut même demander des secours à l'étranger. Le Consulat fit venir du Palatinat et de l'Alsace les blés que le con-

---

(1) Actes consulaires des 6 février et 3 décembre 1748 et 5 novembre 1749. BB. 314, f°s 31 et 125. BB. 315, f° 142.

trôleur Machault avait décidé d'importer pour le compte de l'Etat. Des commissionnaires spéciaux avaient acheté 200.000 quintaux de blé dont une partie était destinée à la ville de Lyon (1). Le Consulat fit également à Marseille et à Rouen de gros achats en blés d'Angleterre (2).

Mais, comme d'autre part il ne disposait pas des sommes nécessaires pour solder le montant de ces achats et des frais de transport, il passa une convention avec un ancien échevin, Claude Riverieulx, qui s'engageait à payer toutes les lettres de change tirées sur le Consulat par les agents du gouvernement. Il promit de rembourser Riverieulx « avec l'agio à 5 % pour les six mois de cette avance, attendu la rareté de l'argent et le peu de temps qu'il a eu pour se préparer à une pareille opération » (3). A chaque trimestre, les traites s'ajoutaient les unes aux autres ; au seul paiement des Rois 1749, Riverieulx avait acquitté pour 1.183.000 livres de traites (4), et le trésorier de l'Abondance n'avait pu lui verser que 483.000 livres. Pour le rembourser, le Consulat n'avait plus qu'une ressource, celle d'un emprunt.

A la suite de nombreuses démarches auprès du gouvernement, le Consulat obtint un arrêt du Con-

---

(1) Cf. AFANASSIEV, *op. cit.*, pp. 462 et 464, et BÉGUILLET, *op. cit.*, t. II, p. 427.

(2) Comptes de 1749 et 1750. GG. Chappe, IV, 513-514.

(3) Convention passée entre le Consulat et Claude Riverieulx le 21 novembre 1748. BB. 314, f° 139.

(4) BB. 315, f° 42.

seil du 18 mars 1749 qui l'autorisait à emprunter « la somme de 3 millions de livres pour la liquidation des dettes de l'Abondance » (1). Pour garantir l'amortissement et le service des intérêts, les lettres patentes du 5 avril 1749 autorisaient le Consulat « à percevoir à son profit 20 sols par ânée de vin qui entrera et se consommera dans cette ville et faux-bourgs ». Ce nouvel octroi devait être payé pendant quatorze ans par toutes les personnes « de quelques qualités et conditions qu'elles soient, privilégiées et non privilégiées, même les ecclésiastiques et communautés séculières et régulières de l'un et de l'autre sexes » (2). Seuls les hôpitaux en furent exemptés par le Consulat. La perception en commença dès le 6 mai de la même année.

Cet emprunt ne fut que le prélude d'un autre emprunt de 3 millions autorisé par un arrêt du Conseil du 26 mai 1750, toujours pour la liquidation des dettes de l'Abondance. En même temps, l'octroi sur le vin était prorogé pour vingt-quatre ans. Tous les deux furent souscrits à Paris par l'intermédiaire d'un notaire, M⁰ Bronod, qui était chargé des affaires de la ville de Lyon (3).

---

(1) BB. 315, f° 82.

(2) BB. 315, f° 82. — Cet octroi venait s'ajouter à celui déjà perçu pour le compte de la ville.

(3) La forme d'emprunt préférée par le Consulat était la constitution de rente, de préférence aux obligations, à cause de la facilité pour la ville de choisir l'époque des remboursements. (Lettre du Consulat à M. Bronod, 23 juin 1750. AA. 130, f° 89). — Le montant de tous les frais et commissions résultant de ces emprunts s'est élevé à 2 1/3 % de leur montant; le détail en est assez curieux. Cf. BB. 316, f° 149, et BB. 317, f° 26.

On se demande comment l'Abondance a pu perdre autant d'argent en trois années seulement. En réalité, les six millions des deux emprunts ne furent pas entièrement perdus ; le trésorier Chancey rendit au receveur de la ville le peu qui lui restait de cette somme colossale, soit 851.000 livres (1). Malgré cette déduction, le déficit de l'Abondance reste énorme. Quelles en sont les causes ?

La première provient de l'étendue de ses opérations, qui n'avaient jamais porté sur d'aussi grandes quantités de blé. De 30.000 ânées en 1747, les distributions de l'Abondance étaient montées à 40.000 ânées en 1748, à 106.000 en 1749, à 98.000 en 1750 (2).

La seconde réside dans l'écart entre le prix de revient et celui de la vente. Les blés achetés en Alsace et en Angleterre furent payés assez cher et leur transport augmenta considérablement les dépenses. Pour éviter une hausse de la taxe du pain, le Consulat livra ses blés aux boulangers « à un prix de plus du tiers au-dessous de celui qu'ils avaient coûté » (3). Cette concurrence découragea les marchands de blé, qui réduisirent momentanément leurs opérations, laissant aux pouvoirs publics la charge de fournir les boutiques des boulangers.

Enfin, une dernière cause explique en partie les pertes de l'Abondance ; le Consulat, pour soulager la misère des ouvriers, qu'une crise de la fabrique

---

(1) Somme rendue en janvier et juin 1752. BB. 319, f°s 11 et 99.
(2) Comptes de l'Abondance. GG. Chappe, IV, 510, 511 et 513.
(3) BÉGUILLET, *op. cit.*, t. II, p. 427.

des étoffes de soie avait réduits au chômage (1), organisa des distributions de pain faites aux ouvriers sans travail, d'abord à un prix réduit, puis gratuitement. C'est dans cette intention qu'il fit construire huit fours dans l'ancien bâtiment de la petite Abondance à Bourgneuf (2). Pendant l'année 1750, quinze mille ouvriers bénéficièrent de ces subventions en nature (3).

Sans contester les bienfaits de ces distributions gratuites, il est bien permis de faire remarquer qu'elles ne rentraient pas dans le rôle normal de l'Abondance. Il est malheureusement difficile de dire ce qu'elles ont coûté et de discerner dans les dépenses totales de l'Abondance celles qui proviennent des opérations sur les blés d'avec celles qui ont eu pour cause les libéralités du Consulat. En tout cas, les bienfaits que les citoyens en ont retirés pendant la durée de la disette sont inestimables ; l'approvisionnement cédé par la ville à si bon compte permit de maintenir pour tout le monde le pain à un taux qui n'avait rien d'excessif ; quant aux ouvriers en soie, ils purent subsister malgré le chômage.

---

(1) BB. 315, f° 142.
(2) Chappe, XVI, 355, et GG. IV, 514, n° 115.
(3) *Almanach de Lyon*, 1751, p. 173. Cf. également Emmanuel VINGTRINIER, *La vie lyonnaise*, p. 112.

Ces distributions ont eu lieu au bureau des Carmes, depuis le 16 novembre 1750 jusqu'au 8 mai 1751 (GG. Chappe, IV, 479, n° 19). Elles avaient été précédées de ventes à un prix modéré. Les directeurs des fours, Schemid, puis Joanin, qui achetaient à très bon compte les blés de l'Abondance, prétendent que leur gestion n'a pas été onéreuse, GG. Chappe, IV, 515.

Mais, après la disette, il fallut retrouver toutes ces subventions au moyen d'impôts nouveaux. Les deux emprunts obligèrent le Consulat à « demander pour trente-huit ans une augmentation d'octroi de 20 sols par ânée de vin » (1). Les conséquences de ces générosités se firent donc sentir à la fois sur les Lyonnais, qui payèrent le vin plus cher, et sur les vignerons du Beaujolais, qui eurent plus de difficultés à écouler leur récolte. C'était aux yeux de beaucoup de gens payer bien cher les services qu'avait rendus l'Abondance pendant la disette.

§ II. *Distributions gratuites de pain en* 1756-1757. — Il semble bien que de telles pertes auraient pu décourager le Consulat et le faire renoncer à continuer des approvisionnements si coûteux. Au contraire, les achats faits par l'échevin chargé de l'Abondance furent moins réguliers, mais souvent plus élevés que pendant la période précédente ; ils se montèrent fréquemment à 8.000 ânées, parfois même à 27.000 ânées (2). Les distributions gratuites de pain furent recommencées pendant l'hiver 1756-1757. Le Consulat, « pour arrêter autant qu'il sera possible le spectacle touchant de la mendicité qui est devenue presque générale, et pour maintenir la tranquillité publique », fit établir par les officiers de quartiers des rôles du nombre d'ouvriers sans

---
(1) *Mémoire sur les greniers d'abondance* (d'un auteur anonyme) cité par Béguillet, *op. cit.*, t. II, p. 426. Ce mémoire, signalé dans le catalogue du fonds Coste, est aujourd'hui perdu.
(2) Par exemple en 1757. GG. Chappe, IV, 518.

travail et résolut de « faire délivrer aux boulangers la quantité de blé nécessaire pour fournir journellement du pain gratuitement aux ouvriers et à leurs familles, auxquels il sera délivré des billets particuliers, jusqu'à ce qu'ils puissent être employés dans les différentes manufactures qui leur fournissaient ci-devant du travail » (1).

Depuis le chômage de 1750, le nombre des ouvriers sans travail avait augmenté. Le Consulat calculait ainsi les dépenses que ces distributions lui coûtaient : « Nous sommes obligés, écrivait-il, de fournir le pain à 18.651 ouvriers ; le prix de la livre de pain le plus commun est de 16 deniers et conséquemment, à raison d'une livre par tête, il en coûte chaque jour à la ville 1.243 livres (2). » Il demanda même des secours pécuniaires au contrôleur général Peirenc de Moras pour continuer ces libéralités (3) ; celui-ci finit par les accorder.

Les distributions furent maintenues jusqu'au 31 août 1758 (4).

Les pertes de l'Abondance se renouvelaient donc continuellement. Le Consulat eut un moment l'intention de les réduire pour l'avenir en obligeant les boulangers à compter un peu moins sur le zèle de l'administration et à s'occuper eux-mêmes de leurs

---

(1) Délib. cons. du 2 décembre 1756. BB. 323, f° 131.
(2) Lettre du Consulat à Mgr de Moras, 7 février 1757. AA. 130, f°s 146, 147.
(3) Lettre du Consulat au prévôt des marchands alors à Paris, 3 juillet 1757. AA. 130, f° 148.
(4) En dix-huit mois les distributions gratuites de pain coûtèrent à la ville plus d'un demi-million (541.000 liv.). BB. 325, f°s 37, 108 et 167.

achats ; c'est alors qu'il rendit son ordonnance du 22 avril 1760, leur prescrivant d'avoir toujours l'approvisionnement de blés ou farines nécessaires pour la consommation de leurs pratiques pendant l'espace de trois mois (1). Aussi, pendant quelques années, l'Abondance réduit-elle ses opérations au chiffre de 4.000 à 6.000 ânées, et les pertes qu'elle subit sont moins importantes. Depuis la liquidation faite avec le produit des deux emprunts de trois millions jusqu'en 1760, elles se montent à environ 800.000 livres (2), sans y comprendre les sommes payées aux boulangers pour les distributions de pain pendant le chômage.

En somme, l'Abondance avait perdu de 1747 à 1765, un peu plus de 6 millions de livres pour ne rendre de réels services à la population que pendant la disette de 1749-1750 et pendant le chômage de la fabrique en 1757. Le Consulat fit preuve d'une persévérance remarquable en continuant à diriger cette partie de l'administration. Mais il lui fit subir quelques nouvelles modifications que nous signalerons avant d'étudier la suppression définitive de l'Abondance.

---

(1) V. *supra*, pp. 162-163.
(2) A la suite du compte de 1759-1760, on lit : « La ville de Lyon est créancière de 806.000 livres. » (GG. Chappe, IV, 520, n° 129). Cette somme figure les pertes de l'Abondance depuis le moment où le receveur de la ville, Nicolau, fit lui-même les comptes de cette administration, c'est-à-dire depuis 1752.

CHAPITRE V

Les dernières années et la suppression de l'Abondance.

Section I

Modifications projetées ou adoptées de 1765 à 1775.

§ I. *Projet de modification voté en* 1765. — La première de ces modifications apportées à l'Abondance fut décidée en 1765. Les lettres patentes du 31 août 1764 ayant réduit les pouvoirs du Consulat par l'adjonction de 12 conseillers de ville et de 19 notables auxquels étaient réservées certaines affaires de l'administration, ce fut, non pas le Consulat, mais une assemblée du corps de ville qui prescrivit ce changement. Le projet était, toutefois, de l'initiative du prévôt des marchands et de l'échevin chargé de l'Abondance, Maurice Giraud. Ces derniers proposèrent de louer les greniers de Serin à quatre marchands de blé et de limiter le rôle de l'Abondance en obligeant seulement celle-ci à « acheter chaque année environ 2.000 ânées de blé, pour être converties en farines au mois d'octobre et être lesdites farines vendues au mois de mars suivant, lorsqu'elles n'auront pas été distribuées pendant l'hiver » (1). Cette mesure était uniquement considérée comme une précaution destinée à prévenir un arrêt momentané des moulins. L'Abondance aurait dû louer un grenier particulier pour y enfermer cette provision ; elle aurait conservé un garde-magasin « pour veiller à l'achat des blés, à la conservation et distribution des farines ».

Le projet de M. Giraud était devenu réalisable depuis que la libre exportation des grains avait été autorisée par l'édit du 19 juillet 1764 que les physiocrates venaient d'obtenir. Le prévôt des marchands s'imaginait que cette liberté assurait à jamais la subsistance de ses concitoyens : « Les blés, disait-il, des provinces de Champagne, Franche-Comté, Bourgogne, Berry et Auvergne destinés pour l'étranger, devant nécessairement passer par cette ville et y être mis en dépôt pour les verser ensuite dans les bateaux du Rhône, resteront toujours à notre disposition au prix courant de cette denrée, sans être forcé pour les arrêter d'employer l'autorité qui peut dans les circonstances critiques étendre les bornes au delà de ses pouvoirs (2). »

L'assemblée se sépara en décidant la vente immédiate de tous les blés qui se trouvaient dans les greniers d'abondance ; mais elle résolut d'en référer « à l'assemblée générale des notables pour avoir leur avis sur la suppression des greniers et sur la forme de les louer » (3).

---

(1) Assemblée des Conseillers de ville du 15 février 1765. BB. 364, f° 5.
(2) Assemblée des Conseillers de ville du 15 février 1765. BB. 364, f° 3.
(3) Assemblée des Conseillers de ville du 15 février 1765. BB. 364, f° 4.

Les notables qui devaient statuer sur cet article du projet Giraud se réunirent le 7 mars. On leur lut un mémoire qui proposait une solution beaucoup plus radicale : on aurait supprimé complètement l'Abondance, en confiant aux recteurs de la Charité le soin de garder les 2.000 ânées de farine jugées nécessaires (1). Mais ce projet ne fut pas adopté.

Les blés dont la vente immédiate avait été décidée par les conseillers de ville, ne furent pourtant vendus qu'à la fin de l'année et dans les premiers mois de 1766. On n'observa pas d'ailleurs bien longtemps cette limitation des achats. Dès le mois d'août 1766, le Consulat traitait avec un marchand de blés, Saunier, pour fournir 8.000 ânées de blé avant fin novembre ; d'après le traité, il lui cédait trois des greniers de l'Abondance avec les entrepôts servant à faire les délivrances aux boulangers « pour en jouir sans en payer aucun loyer jusqu'à la fin d'avril suivant » (2). D'autres opérations furent faites en même temps et continuées pendant les années suivantes au mépris de la délibération des conseillers de ville. En somme, la modification qu'ils avaient décidée fut plus imaginaire que réelle ; on ne l'appliqua pas pendant plus d'une année. Les prix élevés provenant de la rareté des blés en ont été la véritable cause. Le Consulat recommençait ses achats directs ; autant dire qu'il ne les avait pas interrompus.

---

(1) Assemblée des notables du 7 mars 1765. BB. 365, f° 1.
(2) Observations sur le mémoire envoyé par le sieur Saunier à M. Bertin. GG. Chappe, IV, 461.

§ II. *Prélèvement du dixième des blés qui traversaient Lyon.* — Le Consulat trouva, pendant l'été 1766, un procédé extraordinaire pour se procurer les blés dont l'Abondance avait besoin. Il émit la prétention d'arrêter tous les bateaux de blé qui traversaient la ville et de retenir le dixième de leur chargement. Cet expédient n'était pas un véritable prélèvement en nature, mais plutôt un droit de préemption à un tarif avantageux pour la ville. Le Consulat ne payait ce blé, acheté en vertu d'un privilège illicite, que 33 livres l'ânée alors qu'il valait au marché 39 ou 40 livres (1). Il aurait même voulu retenir le cinquième de ces blés, mais il n'osa pas le faire sans en demander l'autorisation. Il semble cependant qu'il n'avait pas attendu la permission du gouvernement pour lever ce droit du dixième. « Le Consulat, disait un échevin aux notables, ne s'est pas déterminé à cette entreprise qui blesserait le droit des gens et la liberté du commerce des blés, sans en informer le ministère (2). » Mais, bien loin de lui permettre d'augmenter la quotité retenue (3), le contrôleur général supprima entièrement cette perception illégale. « Le roi ne veut laisser aucune imposition sur les blés qui passent en cette ville (4). »

---

(1) Discours de l'échevin Valous à l'assemblée des notables du 18 septembre 1766. BB. 366, f° 23.
(2) BB. 366, f° 25.
(3) V. une lettre du Consulat à M. de la Verpillière, prévôt des marchands, 23 septembre 1766. Elle laisse entendre que le contrôleur général n'accordera pas cette autorisation. AA. 131, f° 179.
(4) Lettre du Consulat à Bertin, ministre d'Etat, 26 mars 1761. AA. 131, f° 182.

L'Averdy poursuivait ainsi l'œuvre de Bertin, en débarrassant le commerce des blés des entraves qui le gênaient encore.

Cette retenue du dixième des blés qui traversaient Lyon, ne fut qu'un expédient aussi vite abandonné qu'il avait été vite imaginé. C'était néanmoins un obstacle à la libre circulation des grains, qui venait d'être inaugurée par la déclaration du 25 mai 1763.

§ III. *Suppression définitive du droit de rêve.* — Une autre imposition sur les blés subsistait encore à Lyon : elle dérivait du « droit de rêve ». Ce dernier était d'institution fort ancienne ; d'abord propriété du roi, il avait été cédé à la ville de Lyon moyennant finance. C'était un droit de sortie perçu sur toutes les marchandises destinées aux provinces du royaume (1). Primitivement les grains y étaient soumis : seulement leur circulation entre les provinces était alors assez réduite. Un arrêt du Conseil du 10 novembre 1739 affranchit les grains du droit de rêve : « mais le commerce n'y gagna rien ; en effet, les blés ne devant plus sortir que sur des permissions données par les commandants, les secrétaires de ceux-ci en firent un monopole ; ils vendirent les permissions à beaux deniers comptants, exigeant un droit fixe de 10 sols

---

(1) Les marchandises qui sortaient à destination de l'étranger payaient un droit analogue appelé « imposition foraine ». Mais le tarif était beaucoup plus élevé : il était d'un sol par livre pour l'imposition foraine et de cinq deniers seulement pour la rêve. Cf. *Le Régime douanier de Lyon au* XVIIe *siècle*, par M. S. CHARLÉTY, *Revue d'Histoire de Lyon*, 1902, t. I, p. 320.

par ânée sur les grains qui sortiraient de la ville. Les commandants s'aperçurent que ce droit rapportait des sommes considérables. Ils se l'approprièrent, et pendant plus de vingt-cinq ans ce droit illégal fut perçu sans opposition (1). »

Mais, en 1764, les marchands de blé, se fondant sur la déclaration du 25 mai 1763, adressèrent des représentations au ministre ; la Chambre des comptes fut saisie de l'affaire et demanda au Consulat « s'il ne se lève pas d'autres droits dans la ville que ceux mentionnés aux comptes qu'elle rend à la Chambre, notamment sur l'exportation des blés, grains et légumes, et, où il s'en trouverait quelqu'un, de prendre connaissance des titres de leur établissement, usage de la perception, emploi des deniers en provenant et d'en rendre compte à la Chambre les semestres assemblés, pour être sur ce par elle ordonné ce que de raison » (2). Ce droit, dont la perception n'était établie sur aucun titre, ne devait donc pas subsister. D'après M. Afanassiev, il aurait été supprimé par le ministre, puis, sur les réclamations du commandant, M. de Rochebaron,

---

(1) AFANASSIEV, *op. cit.*, p. 402. — Le *Mémoire sur les abus du gouvernement de Lyon*, 1745, publié par la *Revue d'Histoire de Lyon* (1903, t. II, p. 149), fait bien mention de ce droit « de 10 francs par ânée de grains » (c'est 10 sous qu'il faut lire, il y a certainement là une erreur) : mais il en attribue la propriété au gouverneur qui l'abandonne au prévôt des marchands, commandant de la ville en l'absence du gouverneur habituellement à Paris. Le droit n'aurait-il pas été d'abord abandonné au commandant de la ville plutôt qu'au prévôt des marchands ? C'est seulement en 1757 que le roi accorda au prévôt des marchands le brevet du commandement de la ville.

(2) Arrêt de la Chambre des comptes, 11 mai 1764. BB. 332, f° 87.

maintenu à son profit « pendant sa vie seulement et sans tirer à conséquence » (1). Il se serait éteint à la mort de M. de Rochebaron en 1765. Nous croyons, au contraire, qu'il fut maintenu jusqu'au début de l'année 1767. Cela résulte de trois lettres du Consulat, dans lesquelles celui-ci demande « à laisser subsister pour le traitement du commandant la moitié seulement de ce droit sur les blés » (2). En outre, c'est à dater du 1er janvier 1767 que le prévôt des marchands reçut un supplément d'honoraires de 5.000 livres par an pour remplacer ce droit supprimé.

Le commerce ne resta pas très longtemps affranchi de ce droit sur les blés à la sortie de Lyon. L'exemption ne dura que six ans. Le Consulat obtint en effet, grâce à la complaisance intéressée d'un commis du ministère (3), des lettres patentes qui confirmaient la perception des droits de rêve et de foraine « sur toutes les marchandises... sans aucune exception » (4). Le Consulat s'empressa d'ordonner la perception du droit de rêve sur les grains ; il était de 7 sols par ânée pour les grains sortant par terre

---

(1) AFANASSIEV, op. cit., p. 402.
(2) Lettres du Consulat au contrôleur général, à Bertin et au duc de Villeroy, 31 janvier 1767. AA. 131, fos 181-182.
(3) Cet employé du contrôleur général, le sieur Destouches, reçut du Consulat 24.000 livres en argent et 6.000 livres en bijoux ou argenterie pour sa femme pour prix de l'obtention des lettres patentes de 1772 qui autorisaient la perception de taxes nouvelles. (AA. 131, fos 324-325). Lorsque Turgot eut connaissance de ces abus, il fit rembourser la somme au Consulat et fit vendre les bijoux aux enchères. BB. 343, fo 80.
(4) Lettres patentes de novembre 1772, enregistrées le 9 février 1773 ; articles 16 et 17. Bibliothèque de la ville. Fonds Coste, n° 111.822.

et de 5 sols 6 deniers pour ceux qui sortaient par eau. Les marchands de blé protestèrent et soumirent, au contrôleur général en mars 1773, leurs observations sur le droit de rêve que l'on commençait à percevoir sur les blés dans la ville de Lyon. Leur requête resta sans réponse pendant un an. En 1774, l'abbé Terray écrivit au prévôt des marchands et aux échevins d'avoir à suspendre cette perception. Mais ceux-ci, forts du texte des lettres patentes de 1772, ne voulurent pas se soumettre. Ce fut seulement son successeur, Turgot, qui, après avoir pris l'avis d'une assemblée des notables et de la Chambre de commerce de Lyon, supprima complètement le droit de rêve par un arrêt du Conseil du 20 septembre 1775 (1). Turgot détruisait ainsi l'un des obstacles qui s'opposaient à la libre circulation des grains.

La liberté du commerce des grains avait été proclamée une première fois par la déclaration du 25 mai 1763 et confirmée par l'édit du 19 juillet 1764. Mais elle ne dura pas très longtemps. Une réaction se produisit contre le régime libéral inauguré sous le ministère Bertin. Elle se manifesta d'abord par la réduction progressive du nombre des ports par lesquels l'exportation restait permise, puis surtout par la remise en vigueur des prescriptions antérieures, que décida l'arrêt du Conseil du 23 décembre 1770 La perception du droit de rêve sur les grains marque une étape de ce retour aux anciens errements.

---

(1) BB. 343, f° 130. Cet arrêt a été publié par AFANASSIEV, *op. cit.*, pp. 558-559.

Le rétablissement de l'ancienne réglementation du commerce des blés et les mauvaises récoltes de 1766 et 1767 imposèrent au Consulat l'obligation de recommencer ses achats.

Les opérations de l'Abondance, qui avaient été à peine ralenties à la suite de la décision de l'assemblée du corps de ville en 1765, reprirent de plus belle dès l'année suivante. Elles portaient alors sur douze ou quinze mille ânées par an. L'administration, d'après les renseignements fournis en 1768 à Béguillet par l'échevin chargé de ce service, Jean-Baptiste Rousset, retrouvait « presque toujours le prix de ses déboursés, sauf les frais de manutention qui vont toujours à 15 sols par ânée, ce qui fait au plus 2 ½ % de sa valeur » (1).

§ IV. *La disette de 1770*. — La disette de 1770 modifia complètement cette situation et fit subir à l'Abondance des pertes importantes.

Les blés s'étaient maintenus depuis 1766 à des cours élevés. La récolte de 1770 ayant été plus mauvaise que les précédentes, la hausse s'accrut encore : au marché du 28 juillet, le blé le plus beau valait 9 livres 5 sous et le moyen 8 livres 15 sols le bichet (2). Le Consulat sentit la nécessité d'assurer de gros approvisionnements. Mais l'abbé Terray, dans une lettre du 17 octobre 1770, interdit d'une façon absolue les achats de grains en Bourgogne.

---

(1) BÉGUILLET, *op. cit.*, t. II, p. 426.
(2) BB. 338, f° 63.

Le Consulat, pour se conformer aux ordres du contrôleur général, dut diriger toutes ses opérations d'achats de blé du côté de la Provence ; or, à Marseille, il se trouvait en concurrence avec des commissionnaires de la Suisse et de la Savoie qui répandaient l'argent avec profusion pour s'assurer toutes les voitures par terre. Le prévôt des marchands demanda avec insistance l'autorisation « de se procurer et de tirer de Bourgogne les 30.000 ou 40.000 quintaux pour la subsistance actuelle de la ville » (1). Il faisait aussi le calcul du prix de revient de ces blés achetés à Marseille, qui était de 52 ou de 65 livres l'ânée, suivant qu'ils arrivaient par bateaux ou par voitures ; les blés étant livrés aux boulangers au prix de 45 livres l'ânée, pour ne pas laisser accroître démesurément le prix du pain, la perte qui en résultait pour la ville était de 7 ou de 20 livres par ânée (2), soit de 100.000 livres par mois, même dans le cas où tous les blés seraient venus par eau.

Il se plaignait enfin de l'exportation qui se faisait pour la Suisse sur une grande échelle par Marseille et par « les provinces de Bresse, Bugey, de Gex et de Valromey » (3). Il en demandait l'interdiction complète (4).

---

(1) Lettre du prévôt des marchands au contrôleur général, 25 octobre 1770. (AA. 131, f° 223). Clerjon cite une partie de cette lettre ; mais il ne parle que de 30 ou 40 quintaux. *Histoire de Lyon*, t. VI, p. 399.

(2) Lettre du prévôt des marchands au contrôleur général, 25 octobre 1770. AA. 131, f° 223.

(3) Id., ibid.

(4) Un arrêt du Conseil du 14 juin 1770 avait interdit l'exportation des grains sur toutes les frontières, le prix du blé ayant atteint le maximum prohibitif dans presque toutes les provinces. AFANASSIEV, *op. cit.*, p. 254.

« Nous avons vu, écrivait le Consulat, traverser dans notre ville les charrettes qui en étaient chargées ; le peuple en a murmuré ; il est effectivement bien dur pour lui de payer le pain cher et de voir passer sous ses yeux des quantités de blé destiné à l'étranger. Daignez donc, Monseigneur, donner des ordres précis pour faire cesser cette concurrence ruineuse pour cette ville, et puisque Marseille est notre seule ressource pour notre approvisionnement, ayez la bonté de faire suspendre les achats de la ville de Genève, qui sont d'autant moins pressés qu'ils doivent être considérés comme accaparements, puisque les blés qu'ils enlèvent actuellement ne doivent être consommés qu'après la récolte de 1771 (1). »

L'abbé Terray fit la sourde oreille ; il maintint pour la ville de Lyon ses défenses de s'approvisionner en Bourgogne, ne lui laissant plus que la ressource de Marseille, assez bien pourvue, il est vrai, de blés étrangers. Les difficultés de l'approvisionnement augmentaient de jour en jour ; le Consulat exprime ses angoisses dans les lettres désespérées qu'il écrit au contrôleur général : « Nous nous trouvons dans la situation la plus critique : point de blés sur nos ports, très peu dans les marchés et continuellement dans la crainte que les boulangers, qui ne trouvent

---

(1) Lettre du Consulat au contrôleur général, 1er novembre 1770. (AA. 131, fo 224). Genève avait, il est vrai, son bureau d'abondance ; mais il est probable que ces blés achetés à l'automne 1770 devaient être consommés immédiatement. Les Genevois n'auraient pas fait leurs approvisionnements à un prix si élevé pour ne les consommer qu'après la récolte de 1771. Le Consulat devait être mal renseigné sur ce point.

pas à se pourvoir, cessent ou diminuent considérablement la fourniture qu'ils sont en usage de faire. Ils exigent que nous leur délivrions toute la quantité de blés nécessaire pour la consommation de leur boutique (1). »

Chaque semaine, le Consulat tient le ministre au courant de toutes les opérations faites pour assurer la subsistance de la ville ; de son côté, l'abbé Terray est inflexible. Bien plus, ayant appris que l'Abondance a fait quelques achats en Dauphiné, il reproche vivement au Consulat d'avoir transgressé ses ordres formels. Mais M. de La Verpillière n'a pas de peine à se justifier, en lui démontrant que les achats faits en Dauphiné, dans la plaine de l'Avaloire (sic) et à Saint-Alban, peu importants d'ailleurs, ont précédé de quelques jours l'arrivée des premières instructions du contrôleur général (2). Dans ses lettres si curieuses, mais trop longues pour être toutes citées, le prévôt des marchands exprime bien les inquiétudes et les angoisses qu'éprouvaient les pouvoirs publics.

Finalement, le Consulat demanda l'autorisation d'emprunter trois millions pour liquider les pertes de l'Abondance, et si la somme fut si grosse, c'est que ses opérations avaient été entreprises sur une échelle beaucoup plus large que lors des disettes précédentes.

Du 1er mai au 1er décembre 1770, elle avait acheté

---

(1) Lettre du Consulat au contrôleur général, 6 novembre 1770. AA. 131, f° 225.

(2) Lettre du prévôt des marchands au contrôleur général, 3 décembre 1770. AA. 131, f° 227.

environ 82.000 ânées, dont la moitié seulement avait été délivrée aux boulangers pendant ces sept mois ; l'autre moitié se trouvait soit à Marseille, soit à Arles ou à Tarascon, d'où les blés étaient expédiés « à mesure qu'il y avait des barques pour les voiturer ». Mais la concurrence des vins du Languedoc qui remontaient aussi le Rhône ne permettait pas de trouver le nombre suffisant de bateaux pour assurer l'arrivée des blés nécessaires aux distributions hebdomadaires ; il fallait aussi recourir au transport par terre beaucoup plus coûteux.

Le Consulat n'en résolut pas moins de continuer ses achats : il pensait que 80.000 à 90.000 ânées lui seraient nécessaires pour attendre la récolte de 1771. Il comptait pour ce seul exercice sur une perte totale de 1.740.000 livres (1). En agissant ainsi, il voulait donc assumer la lourde tâche de fournir à lui seul presque tous les blés que consommait la ville. S'il avait réalisé ses projets, il en aurait acheté en une année 150.000 ânées, laissant seulement aux boulangers et à quelques particuliers le soin de se procurer le surplus, soit environ 30.000 ânées, puisqu'on estimait alors la consommation totale de la ville à 180.000 ânées par an (2). Dans ces conditions, le commerce des marchands de blé dans la ville était

---

(1) Lettre du Consulat au contrôleur général, 29 novembre 1770. AA. 131, f° 226.

(2) Lettre du Consulat au contrôleur général, 1er novembre 1770. (AA. 131, f° 224). La population de la ville était alors évaluée à 140.000 habitants. Lettre du Consulat à l'intendant, 21 février 1772. AA. 131, f° 273.

complètement suspendu ; il ne leur était pas possible de le continuer concurremment avec l'Abondance, qui livrait ses blés avec une telle perte sur leur prix de revient.

Cependant les achats du Consulat pendant les premiers mois de 1771 furent moins importants ou moins onéreux, le blé étranger ayant probablement baissé de prix à Marseille. En effet, les pertes totales de l'Abondance en 1770 et 1771 ne dépassèrent pas 1.025.175 livres, s'il faut en croire un rapport fait par le prévôt des marchands, M. de Bellescize, à une assemblée de notables de 1775 (1). Ce chiffre paraît assez étonnant, car le Consulat accusait déjà au 29 novembre 1770 « une perte effective de 843.200 livres, indépendamment des intérêts des sommes avancées pour ces achats » (2) ; il ne comptait même dans ce chiffre aucun des frais généraux se payant à Lyon, tels que les frais de manutention. On se demande donc comment le déficit de l'Abondance ne s'est pas accru de plus de 200.000 livres pendant l'année 1771. Cependant les difficultés furent à peine moins vives après la récolte de 1771, meilleure sans doute que la précédente, mais encore bien inférieure à la moyenne. Les prix du blé baissèrent assez lentement. Au mois d'août 1771, l'Abondance livrait encore ses blés au-dessous de leur prix de revient (3).

---

(1) BB. 366, f° 93.
(2) Lettre du Consulat au contrôleur général, 29 novembre 1770. AA. 131, f° 226.
(3) Lettre du Consulat au contrôleur général, 19 août 1771. AA. 131, f° 256.

Les défenses de s'approvisionner en Bourgogne furent maintenues jusqu'à la fin de l'année 1772 (1). Mais le Consulat n'avait pas attendu ce moment-là pour demander aux boulangers et aux communautés de faire eux-mêmes leurs achats. Il rétablit son ordonnance de 1760, qui les obligeait à avoir toujours leur provision de blé ou de farine pour trois mois ou pour un an d'avance (2). Cette ordonnance ne fut pas exécutée dans toute sa rigueur, au moins en ce qui concerne les communautés religieuses : « Elles ont déjà été prévenues de notre part, écrivait le Consulat, qu'elles pouvaient se dispenser de faire en entier les approvisionnements qui leur étaient prescrits (3). »

C'était en somme un moyen détourné pour diminuer les opérations de l'Abondance. La volonté du Consulat de les réduire pour l'avenir fut approuvée par le pouvoir central dans les lettres patentes du 9 novembre 1772, qui limitaient le montant des dépenses extraordinaires de la ville (4). « Le ministre, écrivait le prévôt des marchands, bien convaincu des pertes énormes dans lesquelles la manutention des blés avait entraîné la ville dans tous les temps, sentit la nécessité de prescrire des bornes aux sacrifices que la ville était dans l'usage de faire et d'anéantir à jamais une des causes essentielles des dettes

---

(1) Lettre du Consulat au contrôleur général, 18 septembre 1772. AA. 131, f° 298.
(2) Ordonnance consulaire du 18 janvier 1772. BB. 340, f° 6.
(3) Lettre du Consulat à l'intendant, 21 février 1772. AA. 131, f° 274.
(4) Bibliothèque de la ville. Fonds Coste, n° 111.822 (articles 33-36).

de la ville. De là l'obligation imposée au Consulat de mettre au nombre des dépenses extraordinaires les pertes faites chaque année sur les grains et de ne pas excéder la somme de 20.000 livres pour cet objet (1). » Il faut avouer d'ailleurs que cette limitation des pertes de l'Abondance était purement théorique : avec le système de la régie directe le Consulat ne pouvait pas ainsi fixer d'avance le chiffre des pertes qu'il ne fallait pas dépasser ; une telle limitation dans une spéculation de cette sorte ne pouvait pas être observée. Enfin, les seuls frais de transport et de manutention d'un approvisionnement de 15.000 ânées dépassaient toujours cette somme, outre qu'il suffisait d'un faible écart entre le prix d'achat et le prix de vente pour accroître de beaucoup la perte.

On aurait pu cependant s'en tenir à un déficit nettement déterminé, si l'on avait accordé une subvention à des marchands de blé qui auraient fait le commerce aux lieu et place de l'Abondance. Des négociants venaient de faire une proposition de ce genre.

Ce projet, présenté par quatre marchands de blé de Lyon, les sieurs Tournachon, Berger, de Launay et Bernard, faillit bien se réaliser ; il avait réussi à être agréé par l'abbé Terray et ce fut seulement l'opposition énergique du Consulat qui le fit échouer. Les négociants qui en avaient eu l'initiative avaient

---

(1) Rapport du prévôt des marchands de Bellescize. BB. 366, f° 366.

demandé à la ville de mettre à leur disposition les greniers d'abondance pour y renfermer une provision annuelle d'au moins 15.000 ânées ; ils avaient réclamé une somme de 30.000 livres par an pour les frais de manutention et se seraient chargés de tous les riques et profits de leurs opérations ; ils auraient même consenti à faire aux boulangers des distributions au-dessous du prix courant, pourvu que la ville leur eût payé la différence (1).

Le Consulat combattit vivement ce projet. Il craignait que ces marchands de blé, abusant de la situation privilégiée de fournisseurs de la ville, ne profitassent d'une sorte de monopole pour rechercher avec trop d'avidité leurs intérêts personnels. Il trouvait aussi que la somme demandée pour les frais de manutention était trop élevée. Mais ce qu'il redoutait le plus, c'était de perdre la surveillance et le contrôle des approvisionnements faits pour parer aux éventualités malheureuses.

Grâce à ces arguments que le prévôt des marchands fit valoir auprès de l'abbé Terray, le projet des marchands de blé ne fut pas adopté. Il indique, toutefois, qu'on cherchait alors une solution moins désastreuse pour les finances de la ville.

---

(1) Ce projet est exposé et critiqué dans une très longue lettre du Consulat au prévôt des marchands à Paris du 9 octobre 1772. Cette lettre « ostensible » avait été demandée par le prévôt des marchands pour combattre ce projet qui plaisait beaucoup à l'abbé Terray. AA. 131, f⁰ˢ 303-307.

Section II. — **La suppression définitive de l'Abondance.**

Ces préoccupations ne concernaient pas uniquement les greniers d'abondance de Lyon. Elles s'étendaient beaucoup plus loin et visaient tout ce qui touchait la question des blés. L'élite intellectuelle de la nation, mise en goût par les discussions des physiocrates, se passionnait pour ou contre la liberté du commerce des blés. Défenseurs et adversaires de la liberté se livraient à une polémique ardente.

A Lyon même, la discussion se compliquait à cause des greniers d'abondance qui avaient formé à toutes les époques, mais surtout depuis 1747, un sérieux obstacle au développement du commerce. Plusieurs personnes, qui avaient sans doute suivi le mouvement des idées physiocratiques dans les brochures et les journaux, commençaient à douter de l'utilité des greniers publics.

§ I. *Les adversaires des greniers d'abondance. Le concours de la Société d'agriculture de Lyon.* — Tous ceux qui s'intéressaient aux idées des économistes faisaient alors partie de la Société royale d'agriculture de Lyon, fondée en 1761 sur la demande de Bertin (1). Ses directeurs proposèrent en 1772 comme sujet du concours annuel la question suivante : « Les

---

(1) La Société royale d'agriculture de Lyon, autorisée par un arrêt du Conseil du 12 mai 1761, avait un bureau général où vingt associés se réunissaient tous les vendredis et quatre bureaux particuliers composés chacun de dix membres. Cf. *Almanach de Lyon*, 1770, p. 181.

greniers publics sont-ils avantageux pour une grande ville ? et dans le cas de l'affirmative, quels seraient les moyens préférables et les moins dispendieux pour assurer constamment les grains nécessaires à la subsistance des habitants ? » L'énoncé même de la question laissait déjà supposer que ses auteurs ne croyaient guère à l'efficacité des greniers d'abondance. En tout cas, la manière dont le jury décerna les prix ne laisse aucun doute à cet égard : des trois mémoires récompensés, un seul provenait d'un partisan des greniers publics ; les autres, qui obtinrent le prix et le premier accessit, ne se cachaient pas d'en être les adversaires.

D'après l'auteur anonyme du mémoire auquel fut attribuée la médaille d'or, les greniers publics ne sont que des précautions maladroites et ruineuses. Il loue les mérites de l'intérêt personnel comme le meilleur stimulant du commerce. Il estime que cet intérêt personnel n'existe pas chez les directeurs des greniers publics, qui opéreront toujours leurs achats avec moins d'à-propos et avec plus de frais que des commerçants agissant pour leur propre compte. En somme, il est un partisan enthousiaste de la liberté du commerce des grains : il réclame « la liberté sans bornes à tout citoyen d'en faire le commerce à son gré, et non la liberté simulée que les édits de 1763 et 1764 avaient donnée et dont l'exécution n'a jamais eu son plein effet » (1). Il souhaite

---

(1) *Discours sur la question proposée par la Société royale d'agriculture de Lyon pour le prix de 1772.* Lyon, 1772, chez Aimé de la Roche, p. 29.

également que les villes et les provinces renoncent à s'occuper elles-mêmes de leurs approvisionnements. Il n'admet leur intervention que dans les dangers pressants ; cette intervention se manifesterait alors par des « primes décroissantes aux sacs arrivés les premiers », elle sera toujours moins onéreuse que la gestion permanente des greniers publics. Ce mémoire très judicieux provient sans doute d'un homme que les idées physiocratiques avaient converti. Son auteur demande énergiquement les réformes qui allaient être accordées deux ans plus tard sous le ministère de Turgot. Toutefois, comme il n'était pas très bien renseigné sur le régime des greniers de Lyon, il commet quelques erreurs à leur sujet : « J'en ai ouï dire, écrivait-il par exemple, qu'ils avaient le privilège d'arrêter tout blé passant à Lyon, quelle qu'en fût la destination (1). » C'était mal connaître le prélèvement du dixième des blés qui traversaient Lyon. On sait d'ailleurs que cet expédient, imaginé par le Consulat en 1766, n'eut qu'une durée très éphémère.

Le mémoire classé second par le jury partage les mêmes opinions (2) ; il est plus concis et plus ordonné que le premier. « Les greniers publics, écrit-il, sont funestes parce qu'ils détruisent la concurrence, favorisent le monopole, ruinent l'agriculture et entraînent des dépenses qui ne sont com-

---

(1) *Discours sur la question proposée...*, p. 19.
(2) Ce mémoire, récompensé par le premier accessit, est l'œuvre d'un nommé Pein, de Villefranche-sur-Saône.

pensées par aucun avantage (1). » Chez lui encore, on reconnaît l'influence des théories des physiocrates; il se sert des termes en honneur dans leurs ouvrages, de celui de « classe stérile », par exemple, et cite l'*Ami des hommes* de Mirabeau. En somme, il réclame la liberté pleine et entière du commerce des blés, convaincu que « la concurrence nuit plus au monopole que les lois les plus sages » (2).

Seul l'auteur du mémoire classé troisième reconnaît les avantages des greniers d'abondance. Leur principal mérite, à l'en croire, est d'écarter le monopole et d'empêcher les variations de prix trop fréquentes et toujours préjudiciables au consommateur. Mais il désapprouve tous les procédés de vente employés à Lyon, aussi bien les distributions facultatives à un prix trop avantageux pour les boulangers que les répartitions obligatoires faites pour combler les déficits financiers de la gestion.

Bien qu'il soit partisan des greniers publics, il est l'adversaire de la réglementation : « Tout ira de soi-même, dit-il, pourvu que la liberté du commerce soit maintenue et que l'on n'influe sur les prix que par l'effet de la concurrence, sans vouloir en déterminer le cours (3). » Il ne conçoit point, d'ailleurs, les greniers d'abondance de la même manière que le Consulat les avait compris ; il propose un système tout différent. D'après lui, ils ne devraient être que

---

(1) *Discours sur la question proposée...*, p. 34.
(2) *Idem*, p. 49.
(3) *Idem*, p. 57.

des entrepôts où les marchands particuliers enfermeraient une partie de leurs blés ; ces marchands pourraient « en disposer moyennant un égal remplacement ». Mais leurs grains seraient « aussi à la disposition du corps municipal, par la liberté qui lui serait réservée de les acquérir pour la ville au moment où il le jugerait à propos, soit en total, soit en partie » (1). Ce système, on le voit, présente une grande analogie avec le projet proposé en cette même année 1772 et rejeté par le Consulat, qui n'en voulait à aucun prix.

Les efforts de la Société d'agriculture de Lyon, en proposant cette question, n'ont pas été stériles. Si les résultats qu'elle en attendait, c'est-à-dire la suppression de l'Abondance, ne furent point obtenus immédiatement, ils furent, du moins, préparés et facilités par ce concours. La publication de ces trois mémoires vulgarisa les doctrines des économistes sur la liberté du commerce des grains et sur l'inefficacité des greniers publics.

Le Consulat ne se laissa cependant pas convaincre si rapidement par les arguments que faisaient valoir les auteurs de ces mémoires. Il craignait encore que le commerce des blés ne fût pas suffisamment organisé et développé à Lyon ; il ne le croyait pas capable d'alimenter la ville dans le cas où il surviendrait de nouvelles difficultés, pareilles à celles qu'avaient amenées les ordres formels du contrôle général en 1770 et 1771. Il redoutait par-dessus tout que

---

(1) *Discours sur la question proposée...*, p. 64.

le peuple, mécontent d'une augmentation passagère du prix du pain, ne se laissât entraîner à des désordres qui pussent dégénérer en émeute. Il préférait garder encore la direction des services d'approvisionnement, en ayant toujours quelques réserves de blé capables d'enrayer une hausse provisoire.

Les notables l'encourageaient d'ailleurs à maintenir l'Abondance. Dans leur assemblée du 3 juin 1773 ils firent même valoir la nécessité qu'il y avait « d'avoir l'entière jouissance de tous les bâtiments de l'Abondance pour servir à l'approvisionnement de la ville » (1) et demandèrent que l'entrepôt des armes, qui en occupait le premier étage, fût transféré dans un autre local. Cette mesure n'était pourtant pas nécessaire, puisque les achats faits par l'Abondance à partir de 1773 ne dépassèrent plus 10.000 ânées par an. Les seuls étages occupés par les greniers pouvaient en contenir près du double (2).

§ II. *Les vues des contrôleurs généraux sur les greniers d'abondance.* — Le Consulat ne tint aucun compte de ce vœu de l'assemblée des notables. Il maintint l'Abondance telle qu'elle avait été depuis 1747. Cette administration subsista quelques années encore. Elle survécut même au ministère Turgot. Ce ne fut pas, en effet, Turgot qui en décida la suppres-

---

(1) Assemblée des notables du 3 juin 1773. BB. 365, f° 29.
(2) En 1773, l'Abondance livra environ 17.600 ânées ; mais la moitié de ses blés était déjà vendue lors de l'assemblée des notables. GG. Chappe, IV, 539.

sion, comme M. Guyaz l'en accuse (1). S'il était resté au pouvoir quelques mois de plus, il aurait sans doute pris l'initiative de cette mesure, puisqu'il l'avait souhaitée et même préparée ; mais il n'eut pas le temps de la voir se réaliser.

On connaît les idées de Turgot sur la liberté du commerce des blés et le célèbre arrêt du 13 septembre 1774 (2). Qu'il nous soit permis cependant de citer une lettre inédite qu'il écrivit sur ce sujet à l'intendant de Lyon, de Flesselles :

« Je suis informé, Monsieur, qu'il se répand dans la ville de Lyon et dans différents lieux de votre département des bruits qui tendent à faire resserrer les grains et à en faire augmenter le prix et à causer beaucoup d'inquiétude par rapport aux subsistances ; l'on y débite que la circulation des grains de la Bourgogne, dont la ville de Lyon est plus à portée de s'approvisionner, va être suspendue ; je vous prie, Monsieur, d'assurer les négociants que ces bruits sont faux et vous pouvez les inviter à continuer leur commerce et à l'étendre où bon leur semblera ; le roi a promis toute sûreté, toute liberté et toute protection à ceux qui s'occuperont de ces opérations, dont Sa Majesté a reconnu toute l'utilité pour procurer à ses peuples les subsistances qui leur sont nécessaires ; vous voudrez bien me faire part de l'effet que produira dans le commerce, l'assurance

---

(1) « L'antique institution de l'Abondance disparut dès 1776, tuée par Turgot, toujours au nom du principe de la liberté » (GUYAZ, *Histoire des institutions municipales de Lyon avant* 1789, p. 389).

(2) Turgot, *Œuvres*, t. II, pp. 169 et suiv.

que vous lui donnerez qu'il ne sera porté aucune atteinte à la circulation des grains d'une province à une autre, afin que je puisse rendre compte à Sa Majesté des effets de la liberté qu'elle est résolue de maintenir comme étant l'unique moyen de pourvoir à tous les besoins (1). »

Cette lettre fut communiquée au Consulat : il en approuva pleinement les dispositions, qu'il n'avait, dit-il, « cessé de solliciter sous l'ancien ministère des finances » (2). Une autre lettre de Turgot, écrite quelques mois plus tard, insiste également sur les avantages de la concurrence et de la liberté à propos des moulins du Rhône : « Un moyen plus sûr encore, dit-il, est de procurer à la ville de Lyon la liberté la plus entière pour le commerce des grains et des farines, avantage que je me propose de lui assurer incessamment (3). »

Le contrôleur général avait donc mûri un projet de réformes spécial à la ville de Lyon. Quelles en étaient les grandes lignes ? S'agissait-il simplement de la permission accordée « aux boulangers forains des villes, villages et lieux circonvoisins, d'apporter et vendre librement leur pain dans la ville de Lyon à la charge de se conformer aux ordonnances de police pour la quantité et le prix... » (4) ? Nous ne le

---

(1) Lettre de Turgot à de Flesselles, intendant de Lyon, 17 avril 1775. AA. 61, f° 55.
(2) Lettre du Consulat à l'intendant, 25 avril 1775. AA. 132, f° 138.
(3) Lettre de Turgot au Consulat, 28 août 1775. BB. 343, f° 145.
(4) Arrêt du Conseil d'Etat du 5 novembre 1775. Un règlement de police de 1710 et de 1751 avait interdit aux boulangers forains la vente de leur pain à Lyon ; une exception était faite cependant pour les bou-

croyons pas. Cette autorisation n'était qu'une réforme secondaire. Les projets de Turgot étaient sans doute plus importants ; ils visaient très probablement la suppression des greniers d'abondance.

Nous en trouvons la preuve dans son *Rapport au roi sur six projets d'édits :* « Les droits de Lyon, écrivait-il, ont été diminués et la suppression des greniers d'abondance doit être un des résultats de l'opération entamée à Lyon et dont Votre Majesté a connaissance (1). » Il communiqua ses intentions à l'intendant ; ce dernier demanda probablement quelques modifications, puisqu'il écrivait au prévôt des marchands : « Le contrôleur général m'ayant fait part de ses vues sur les greniers d'abondance de la ville de Lyon, j'ai tâché de les disposer de manière à être avantageuses à la ville ; je compte m'en occuper essentiellement d'ici à peu de jours (2). » Turgot n'eut pas le temps de réaliser ses projets. Lorsqu'il quitta le ministère, le 12 mai 1776, les greniers d'abondance de Lyon subsistaient encore.

Ses successeurs au contrôle général, Clugny et Taboureau des Réaux, devaient connaître les projets de Turgot ; ils voulurent les mettre à exécution et engagèrent le Consulat à supprimer l'administration de l'Abondance. Ils l'accusèrent d'avoir « fait

---

langers de Montluel et de Saint-Pierre de Chandieu, qui jouissaient du privilège très ancien de pouvoir amener leur pain à Lyon trois jours par semaine. TURGOT, *Œuvres*, t. II, p. 229.

(1) TURGOT, *Œuvres*, t. II, p. 245.

(2) Lettre de l'intendant de Flesselles au prévôt des marchands à Paris, 8 février 1776 (AA. 61, f° 74). Nous n'avons pas pu retrouver la lettre de Turgot à l'intendant.

soutenir le haut prix du pain en forçant les boulangers à s'approvisionner des blés de la ville » (1). Le Consulat justifia sa conduite en affirmant qu'il n'avait pas prescrit une seule distribution obligatoire pendant toute l'année 1775 ; il ajoutait ensuite : « M. Turgot n'a jamais fait part au Consulat qu'il eût intention qu'on vendît les blés des greniers de l'Abondance. Par sa lettre du 14 août 1775, il demanda seulement au Consulat de lui envoyer un état des grains qui y étaient alors et de ceux que l'on attendait ; il ajoutait, par cette même lettre : « Si
« tous les achats que vous avez ordonnés ne sont point
« arrivés à Lyon, dans ce dernier cas le meilleur parti
« que vous avez à prendre est de faire vendre les
« restes de grains dans les lieux où ils sont encore
« déposés, vous épargnerez par là le surplus des
« frais de transport que coûterait ce qu'il leur reste
« de chemin à faire pour arriver jusqu'à Lyon. »
A la réception de cette lettre, tous les blés étaient arrivés en cette ville depuis le 8 du même mois (2). »

Cette lettre du Consulat laisse supposer qu'il n'avait jamais été mis au courant des projets de Turgot. Taboureau les connaissait sans doute ; ce fut lui qui les fit exécuter.

§ III. *Le Consulat décide la suppression de l'Abondance.* — Le Consulat n'avait plus qu'à se conformer aux vœux du gouvernement et à voter la suppression

---

(1) Lettre du Consulat au contrôleur général Taboureau en réponse à sa lettre du 9 novembre ; 20 novembre 1776. AA. 132. f° 233.
(2) Id., ibid. AA. 132. f° 233.

de l'Abondance. C'est ce qu'il fit au mois de mars 1777. Il décida d'abord la vente des blés qui restaient dans les greniers publics et demanda au contrôleur général des instructions sur la manière de les vendre (1) ; puis il prononça la suppression de l'Abondance dans une délibération qu'il convient de reproduire.

Du jeudi 6 mars 1777, en l'hôtel commun de la ville de Lyon, y étant de Riverieulx, prévôt des marchands, Rast, Muguet, Bloud et Coste, échevins.

Les prévôt des marchands et échevins ne pouvant se dissimuler que la majeure partie des dettes, contractées par cette ville, provient des achats de blé qu'elle a faits en différents temps pour son approvisionnement et des sacrifices réitérés que leurs prédécesseurs ont cru devoir faire pour le soulagement des pauvres ouvriers en vendant ces mêmes blés aux boulangers à des prix toujours très inférieurs à ceux de l'achat, quelque louables que soient les motifs qui avaient dirigé à cet égard les opérations de leurs prédécesseurs, l'expérience a cependant fait reconnaître par une infinité d'inconvénients qu'ils n'avaient jamais pu atteindre le véritable but qu'ils s'étaient proposé par ces achats.

L'administration de 1765 en avait déjà aperçu les mauvais effets et senti l'importance de mettre une réforme dans cette partie, puisque par une délibération de l'assemblée générale des notables du 21 février de la même année, il fut arrêté qu'à l'avenir l'approvisionnement se bornerait à un achat annuel de 2.000 ânées pour être convertis en farines, qu'à cet effet on ne conserverait que les greniers du sieur Deville pour y renfermer ces blés et farines ; qu'on vendrait incessamment tous les grains étant pour lors dans les greniers de l'Abondance et qu'on louerait à la chaleur des enchères les greniers de l'Abondance sous la seule réserve que les marchands qui en resteraient adjudicataires n'y

---

(1) Lettre du Consulat au contrôleur général Taboureau, 14 février 1777. AA. 132, f° 238.

pourraient mettre que du blé. Si cette délibération avait pu, dès lors, avoir son exécution, elle aurait produit la plus grande économie dans les deniers patrimoniaux et prévenu des pertes immenses. Mais actuellement que les principes connus du gouvernement assurent la plus grande liberté dans la circulation de province à province, que cette ville par sa position et par sa proximité des provinces les plus fertiles en grains ne doit jamais craindre d'en manquer en laissant le commerce libre, le Consulat aurait les plus justes reproches à se faire s'il ne s'empressait de prendre toutes les mesures convenables pour faire cesser de semblables approvisionnements, qui ne peuvent que contribuer à accroître de plus en plus la masse énorme des dettes de cette ville; il doit y être d'autant plus excité que les achats de 1770 et 1771 ont donné lieu à une perte considérable, que les derniers achats faits par l'Administration de 1775 annoncent une perte de plus de moitié du prix de l'achat à celui de la vente qui en sera faite, indépendamment des frais journaliers de manutention que ces grains ont occasionnés ; en considérant encore en détail les différents inconvénients de ces sortes d'achats de la part d'une ville, il en résulte que des grains achetés dans des temps où l'on croit prévoir la plus grande cherté et une rareté n'arrivent très ordinairement et ne peuvent entrer dans les greniers que lorsque l'abondance en fait baisser considérablement le prix ; et, dès lors, ces achats, sans procurer aucun secours, occasionnent des pertes considérables à la ville ; il en résulte encore que le désir de se défaire de ces grains avec moins de perte retarde souvent la diminution du pain, ou tout au moins empêche qu'elle ne soit aussi considérable qu'elle devrait l'être relativement au prix du blé.

Par ces considérations, auxquelles se joignent encore les invitations réitérées faites au Consulat par le Ministre de la finance de renoncer à jamais à faire de nouveaux achats;

Mesdits sieurs les prévôt des marchands et échevins, après avoir ouï Marie Pierre Prost, chevalier et avocat de la ville et communauté, ont délibéré, résolu et arrêté de renoncer à jamais à faire de nouveaux achats de blés pour l'approvisionnement de cette ville, et en conséquence que le restant des blés ci-devant achetés et étant dans les greniers de l'Abondance seront incessamment vendus aux plus offrants et derniers enchérisseurs, et qu'aussitôt après la vente desdits grains, les greniers et bâtiments dépendants de l'Abondance seront également livrés à la chaleur des enchères, sous la seule condition que les adjudicataires ne pourront en faire aucun autre usage que celui d'y renfermer du grain. Délibéré à Lyon au Consulat le dit jour, 6 mars 1777 (1).

Cette délibération reconnaît bien l'inutilité des efforts accomplis par l'Abondance. Il est cependant regrettable qu'elle ne contienne pas de renseignements plus précis sur le montant des pertes que cette administration avait subies depuis onze ans. A défaut de la comptabilité spéciale de l'Abondance à partir du 1er janvier 1766 (2), on peut assurer que de 1766 à 1777 la ville de Lyon a perdu au minimum 1 million 500.000 livres et probablement beaucoup plus. Clerjon, généralement bien renseigné sur ces questions, estime que les achats de blé « coûtèrent à la ville pendant quatre années plusieurs millions » (3).

Même si l'on s'en tient à notre évaluation plus réduite, on arrive à un chiffre total de pertes de plus de dix millions de livres depuis 1693, c'est-à-dire en quatre-vingt cinq ans (4). C'était une somme con-

---

(1) BB. 345, f°s 17-19.
(2) Cette comptabilité, mentionnée dans l'inventaire Chappe, est aujourd'hui perdue. Il ne reste plus que les comptes du 2e semestre de 1776. GG. Chappe, IV, 524 a.
(3) CLERJON, *op. cit.*, t. VI, p. 434.
(4) En voici le détail de 1693 à 1747.......... 2.680.000 livres
                            1747 à 1765.......... 6.280.000 —
                            1766 à 1777.......... 1.500.000 —

sidérable qu'il avait fallu demander à des emprunts successifs. Pour en payer les intérêts, on avait eu recours à de nouvelles impositions sous la forme d'une élévation des anciens tarifs. On avait taxé plus fortement les soies et relevé les droits d'octroi sur le vin.

Si la ville de Lyon avait, à la fin du XVIIIe siècle, une situation très obérée, c'est en grande partie à l'Abondance qu'elle le devait. Les pertes subies par cette institution formaient à elles seules plus du quart de la dette municipale, qui s'élevait, en 1778, à près de 38 millions (1).

Le Consulat voulait mettre un terme à l'accroissement continuel de ce passif. Il renonçait à s'occuper de la gestion des greniers d'abondance qui avait été trop onéreuse pour les finances de la ville. Il comprenait enfin que le libre commerce des grains devait suffire à fournir l'alimentation de tous les habitants.

Pour exécuter entièrement la délibération du 6 mars 1777, il ne restait plus qu'à vendre les blés que contenaient encore les greniers publics. La vente eut lieu le 18 mars, sous la forme d'une adjudication aux enchères (2). L'un des plus gros marchands de blé de la ville, Berger, fut déclaré adjudicataire de tous les blés au prix de 21 livres 10 sols l'ânée, « ce qui n'équivaut pas, écrit le Consulat, à la moitié du prix de l'achat » (3). Les farines furent vendues à

---

(1) CLERJON, op. cit., p. 466.
(2) BB. 354, f° 20.
(3) Lettre du Consulat au contrôleur général, 28 mars 1777. AA. 132, f° 252.

23 livres l'ânée à un autre marchand, le sieur Saunier (1).

Berger aurait bien voulu avoir la jouissance des greniers ; il offrit, par l'intermédiaire du contrôleur général, un loyer de 4.000 livres par an. Mais le Consulat n'accepta pas cette procédure ; il mit aux enchères « la location de tout le bâtiment de l'Abondance, à la réserve de la salle d'armes et autres pièces en dépendantes, destinées au service de Sa Majesté... et à la charge de ne pouvoir employer lesdits greniers que pour y renfermer des grains » (2). Ce fut un autre négociant, Bertrand, qui en fut déclaré adjudicataire pour neuf ans au prix annuel de 5.200 livres.

Ce bail ne fut pas renouvelé. En 1786, les greniers d'abondance furent transformés en caserne (3). Aujourd'hui encore, cet édifice a la même affectation. La caserne de Serin conserve toujours sur son fronton les cornes d'abondance comme le seul souvenir de son ancienne destination. C'est ainsi que s'achevait cette longue existence de l'institution que le Consulat avait créée en 1643 comme établissement perpétuel pour éviter le retour périodique des disettes. Il en

---

(1) BB. 354, f° 20.
(2) BB. 354, f°ˢ 28-29.
(3) Arrêt du Conseil d'Etat du 3 septembre 1786. Bibliothèque de la ville, Fonds Coste, n° 111.866.
Steyert indique l'année 1780 comme étant la date de cette transformation. C'est au moins une faute d'impression ; en outre c'est une véritable erreur d'affirmer que ce bâtiment, « devenu inutile et compris parmi les immeubles appartenant à la ville dont le roi avait ordonné la vente en 1764, fut acquis par une dame Royer » (*Histoire de Lyon*, t. III, p. 434).
Il confond avec la maison de la petite Abondance, qui fut vendue en 1766 au sieur Roger. Chappe, XVI, 360.

attendait de grands bienfaits. Il espérait que, grâce aux réserves de blé accumulées pendant les bonnes années, la cherté des blés pourrait être aisément combattue, lorsque de mauvaises récoltes leur succéderaient. Mais peu à peu les illusions disparurent pour faire place à la triste réalité ; les mauvaises récoltes survenaient toujours au moment où l'on s'y attendait le moins et les greniers à peine remplis étaient épuisés trop rapidement. Dès lors, l'Abondance ne servait plus comme un moyen préventif ; il fallait songer aux remèdes curatifs. Elle se tournait de ce côté-ci avec beaucoup de zèle ; mais il était déjà trop tard ; si elle parvenait à maintenir le prix du pain à un taux moins élevé que dans d'autres régions, ce n'était qu'au prix des plus lourds sacrifices pécuniaires de la ville.

Ce sont ces dépenses extraordinaires qui, trop souvent renouvelées, attirèrent l'attention du Consulat et l'engagèrent à laisser aux marchands de blé la mission d'assurer la subsistance publique.

Si l'excellente initiative de cette suppression a été prise par le Consulat, on peut en attribuer une part de mérite à ces physiocrates qui avaient lutté avec tant d'énergie pour obtenir en France la liberté du commerce des grains. Cette liberté permit au commerce de se développer, et elle facilita singulièrement la suppression des greniers d'abondance de Lyon.

CONCLUSION

Nous venons de parcourir l'histoire de cette administration de l'Abondance dont le Consulat avait doté la ville de Lyon. Nous avons étudié son organisation, son fonctionnement, ses résultats pratiques et ses conséquences financières.

Créée comme établissement perpétuel pendant la cherté de 1643, la Chambre d'abondance aurait dû mettre la ville à l'abri de toute nouvelle disette. Jusqu'à la fin du XVIIe siècle, elle ne sut pas accomplir sa mission avec succès ; elle fut souvent prise au dépourvu. Ces premiers résultats inspirèrent au Consulat des modifications, qui devaient permettre aux intendants de l'Abondance d'emmagasiner des approvisionnements plus considérables. L'expérience ne fut pas plus encourageante. Dès qu'une mauvaise récolte survenait, les réserves étaient trop rapidement épuisées ; il fallait désormais employer les remèdes curatifs. La Chambre d'abondance déploya une grande activité pendant les famines de 1693 et 1709. Elle réussit à amener à Lyon, malgré d'innombrables difficultés, d'importantes quantités de blé. Mais ses achats faits à grande distance étaient tellement onéreux, qu'elle n'osait pas vendre ses blés au prix de revient.

A la suite des pertes encourues en 1709-1710, un découragement bien compréhensible s'empara des membres de la Chambre d'abondance ; ils réduisirent leurs opérations. Le Consulat finit même par se passer de leur concours désintéressé et confia la direction effective de cette administration à l'un des échevins.

C'est sous cette dernière forme que l'Abondance eut à subir les pertes les plus sérieuses et qu'elle rendit nécessaires des emprunts et des impôts nouveaux. Ce que la ville donnait d'une main pendant la disette, elle le reprenait de l'autre en exigeant pendant de longues années des droits d'octroi supplémentaires. En fin de compte, les citoyens payaient toujours les libéralités de la ville.

Les résultats désastreux de ces dernières expériences dissipèrent enfin les illusions du Consulat. Il résolut d'abandonner complètement ce système d'approvisionnement.

Il est certain que, dans quelques occasions, l'Abondance rendit à la ville de Lyon des services importants. Jamais, sans doute, elle ne remplit avec succès son rôle préventif ; car ses réserves, si on les compare à la consommation totale de la ville, n'ont jamais été suffisantes pour garantir d'une véritable disette ; elles pouvaient tout au plus être d'un utile secours dans des crises passagères, telles que l'interruption des communications fluviales ou l'arrêt des moulins du Rhône. L'approvisionnement emmagasiné par l'Abondance n'atteignait que rarement le quinzième de la consommation annuelle de la ville ; d'habitude il restait bien au-dessous de cette proportion.

Dès lors, faut-il s'étonner que cette administration n'ait pas eu le pouvoir d'empêcher les effets des mauvaises récoltes de se faire sentir très rapidement ?

Lorsque, par suite de son imprévoyance, le mal était arrivé, elle faisait tous ses efforts pour amener à Lyon des quantités de blé qu'elle vendait en général au-dessous de sa valeur courante. Cette mesure, qui semble au premier abord ne mériter que des approbations, était, au contraire, fort imprudente ; car elle décourageait absolument les marchands de blé. Ceux-ci ne pouvaient lutter pendant ces années malheureuses contre la concurrence que leur faisait l'Abondance ; ils réduisaient ou suspendaient leurs opérations.

Ce procédé, qui tendait à obtenir un abaissement factice du prix des grains, constituait un véritable cercle vicieux ; plus le Consulat était généreux en consentant un grand écart entre le prix de vente de ses blés et leur valeur courante, plus le commerce se resserrait et plus les vendeurs s'éloignaient des marchés. Par conséquent, en décourageant l'initiative privée, l'Abondance refoulait l'importation libre et se trouvait désormais obligée de subvenir à l'alimentation de la population presque entière.

Il faut d'ailleurs se garder d'une exagération trop facile : ces éventualités extrêmes ne se reproduisaient que très rarement. On n'en peut citer que deux exemples : celui des années 1749-1750 et celui de l'hiver 1770-1771. Pendant toutes les autres disettes, en 1693, en 1709, en 1741, l'Abondance n'eut pas à sa charge l'approvisionnement entier de la ville ; ses opérations atteignaient dans ces phases critiques le tiers environ de la consommation totale. Les achats directs des marchands et des communautés, les apports des paysans aux marchés de la Grenette fournissaient les deux autres tiers.

Dans ces conditions, il nous semble difficile d'expliquer le jugement de Turgot : « Le commerce des grains était presque anéanti dans la ville de Lyon par l'établissement des greniers d'abondance (1). » Cette institution entravait sans doute le développement de ce commerce, lorsqu'elle se chargeait, comme en 1749 et en 1770, d'assurer les subsistances entières de la ville. Mais, dans l'intervalle entre les périodes de cherté, il reprenait très rapidement son essor et fournissait à lui seul presque toute la consommation.

Cette influence des greniers d'abondance ne fut pas non plus persistante. Dès que cette administration fut supprimée, et même dès que la liberté du commerce des blés fut réellement établie, celui-ci se développa rapidement.

Au contraire, les résultats de l'Abondance eurent une répercussion plus durable sur les finances et par conséquent sur les impositions municipales. L'augmentation de l'octroi sur le vin subsista même après la suppression de l'Abondance, et les emprunts que ses pertes avaient rendus nécessaires figuraient

---

(1) TURGOT, *Œuvres*, t. II, p. 245.

encore dans le passif de la ville à la veille de la Révolution (1).

Ces pertes énormes ont eu plusieurs causes. Les unes provenaient des frais généraux, qui étaient souvent trop élevés par rapport aux opérations très réduites auxquelles se livrait l'Abondance. D'autres étaient motivées par les achats de blé, qui étaient faits avec moins d'habileté et d'économie par des agents d'une administration qu'ils ne l'eussent été par des négociants agissant pour leur propre compte. Ces premières pertes encourues chaque année n'entrent cependant que pour une faible part dans le déficit total.

Les pertes les plus importantes étaient souvent le résultat des subventions que le Consulat consentait volontairement pour éviter une trop forte augmentation du prix du pain. N'était-ce pas faire aux habitants un véritable cadeau, que de livrer aux boulangers le blé de l'Abondance à un prix inférieur au cours des marchés ?

La subvention n'était même plus dissimulée lorsque le Consulat votait, en 1756, des distributions gratuites de pain aux ouvriers atteints par le chômage. Or, les sommes qu'exigèrent ces secours divers ont toujours été comptées parmi les pertes de l'Abondance ; mais il est évident qu'ils ne rentraient pas dans son rôle normal.

---

(1) Les dettes de la ville de Lyon sont devenues dettes nationales en 1793. Cf. Délibération du Conseil général de Lyon du 3 mars 1792 et loi du 24 août 1793 (*Collection générale des lois*, t. XV, pp. 525, 547 et 618). Les créanciers subirent donc la banqueroute du tiers consolidé en 1797.

D'autres causes enfin, qui ne dépendaient ni du principe de cette institution, ni de la volonté de ses administrateurs, ont contribué à augmenter les désastres financiers que l'on met sur son compte. Ce furent d'abord, en 1749 et 1750, les achats de blé faits en Alsace et au Palatinat par l'ordre du contrôleur général de Machault. Ce furent aussi les instructions formelles et réitérées de l'abbé Terray, qui interdit au Consulat d'une manière absolue tous les achats en Bourgogne, lui imposant de s'approvisionner uniquement à Marseille. Il est certain que, si l'Abondance avait pu jouir à ces diverses époques de la liberté de faire ses provisions où bon lui semblait, elle n'aurait pas éprouvé des pertes aussi considérables. Elle n'aurait cependant pas eu des résultats bien encourageants, et sa suppression serait également devenue nécessaire : car une telle administration ne pouvait donner que des déboires, sans même rendre des services en proportion des sacrifices qu'elle imposait aux finances de la ville.

Un régime libéral autorisant la circulation de province à province et dégageant le transport des blés de toutes les entraves qui l'enchérissaient, eût été certainement bien préférable. A l'abri de cette véritable liberté que n'ont pas connue nos ancêtres des XVIIe et XVIIIe siècles, le commerce des marchands de blé aurait dû suffire à l'alimentation de la population de Lyon. Des encouragements, des subventions accordées dans les circonstances critiques auraient facilité leur tâche, sans coûter à la ville des sommes aussi importantes.

Tout ce système de réserves permanentes emma
gasinées dans des greniers d'abondance nous paraî
aujourd'hui bien suranné. Il ne trouve plus aucu
défenseur. Il est vrai que depuis la suppression d
l'Abondance les conditions de la vie économiqu
ont été radicalement transformées : la facilité, l
rapidité et le bon marché des transports, soit entr
les diverses régions d'un même pays, soit entre le
divers Etats du monde, ont complètement modifi
le problème de l'approvisionnement des grande
villes. Les mauvaises récoltes ne se faisant pas senti
simultanément sur tous les points de l'univers, un
récolte déficitaire dans un pays n'y amène pas un
disette ; car il est toujours facile d'acheter aux autre
nations le blé qui lui manque pour sa consommation
Ni les frais de transport, ni les droits de douane n
peuvent accroître le prix de cette denrée dans le
limites où il variait sous l'ancien régime. Une hauss
qui ferait doubler le prix du blé nous apparaît au
jourd'hui comme une calamité, tandis qu'autrefoi
c'était un fait relativement fréquent. On voyai
souvent le prix du blé tripler ou quadrupler en quel
ques mois. Parfois même, l'écart était plus grand (1)
De nos jours, au contraire, la liberté du commerce
la facilité des relations internationales, la rapidité

---

(1) On peut constater une hausse phénoménale de plus de 800 % entr
les prix du blé à Lyon au mois de juin 1707 et au mois de mai 1709
Le 25 juin 1707 le bichet de blé de qualité moyenne était coté 37 sols
prix le plus bas de l'année ; moins de deux ans après, le 25 mai 1709
le blé de même qualité se vendait 15 livres 10 sols le bichet ; c'est l
prix le plus élevé de toute la période que nous avons étudiée. BB. 267
f° 83, et 270, f° 75.

et la diminution du coût des transports nous ont assuré le bienfait de la régularité des cours du blé.

Avec ces nouvelles conditions de la vie économique il n'est plus question de confier aux autorités locales le soin de pourvoir à l'approvisionnement en grains et farines d'une grande ville. Ce serait un rouage inutile et onéreux. Le commerce libre remplit mieux cette fonction que ne le ferait l'administration municipale la plus intègre. L'exemple de la Chambre d'abondance de Lyon, à une époque où la réglementation trop rigoureuse du commerce des blés pouvait laisser supposer l'utilité de cette institution, suffirait à détourner une ville d'une pareille entreprise.

C'est le seul enseignement pratique qui puisse résulter de cette étude ; nous l'avons d'ailleurs écrite pour combler une lacune de l'histoire économique de notre ville natale, plutôt que dans le dessein d'y faire puiser des leçons pour l'avenir.

Vu à Grenoble, le 5 mai 1911.
Le Président de la thèse,
Paul REBOUD.

Vu à Grenoble, le 5 mai 1911.
Le Doyen de la Faculté de Droit
de l'Université de Grenoble,
P. FOURNIER.

Vu et permis d'imprimer :
Grenoble, le 8 mai 1911.
Le Recteur,
Président du Conseil de l'Université,
PETIT-DUTAILLIS.

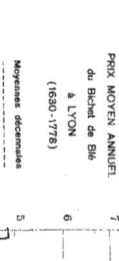

PRIX MOYEN ANNUEL
du Bichet de Blé
à LYON
(1630-1778)

——— Moyennes décennales

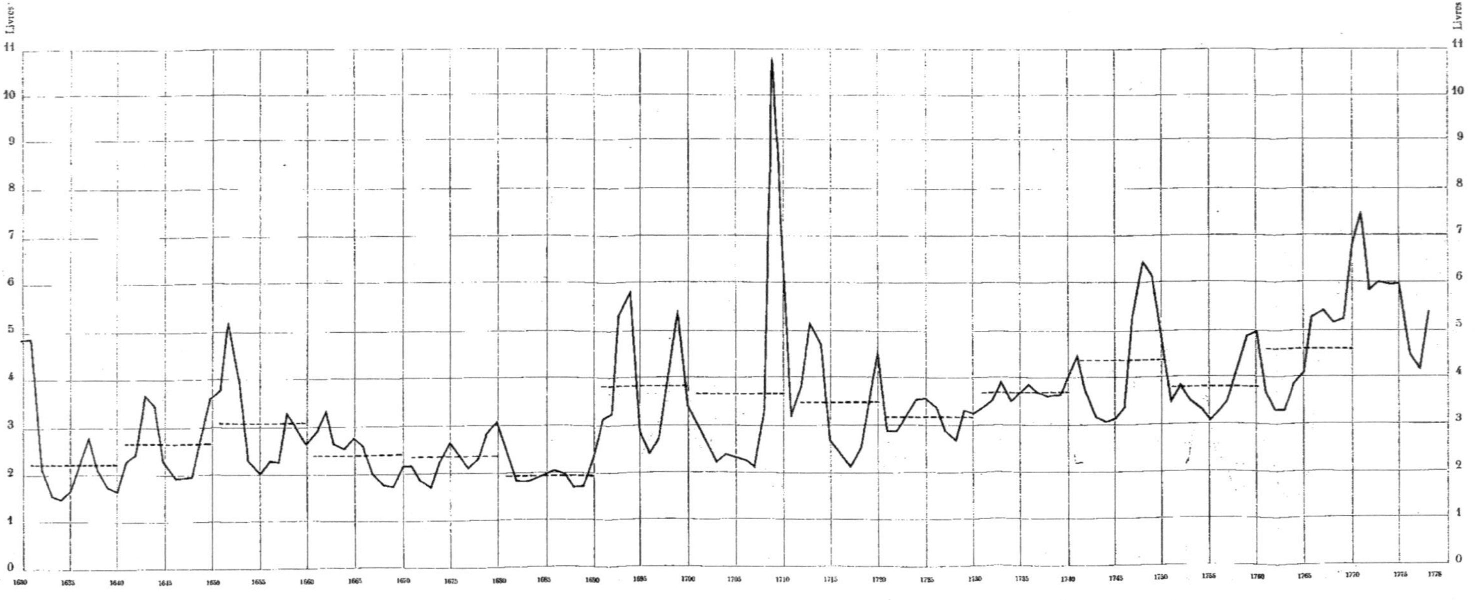

APPENDICE I

Prix moyen annuel du blé à Lyon.

Les prix qui figurent dans ce tableau expriment en livres, sols et deniers le prix moyen annuel du bichet de blé au marché de la Grenette de Lyon. Ils ont été obtenus de la manière suivante : nous avons pris pour chaque marché hebdomadaire le prix indiqué par le carcabeau pour le blé de qualité moyenne et nous avons établi la moyenne annuelle de tous ces prix.

Le graphique n'est que la reproduction pure et simple de ce tableau du prix moyen annuel du bichet de blé à Lyon.

Dans ce tableau nous n'avons tenu compte ni des variations du poids d'argent fin contenu dans les monnaies, ni des variations du pouvoir général de la monnaie. Si l'on veut faire les corrections résultant de cette double variation pour avoir la valeur du blé en francs actuels, il faut multiplier les chiffres de notre tableau par un coefficient qui, de 1630 à 1778, a baissé progressivement de 5,20 à 2. Voici d'ailleurs le tableau qu'a établi M. le vicomte d'Avenel pour déterminer la valeur de la livre en francs actuels (*Découvertes d'histoire sociale 1200-1910*, p. 322) :

	Francs intrinsèques d'après le poids d'argent contenu dans la livre.	au pouvoir de	soit en francs actuels.
1626-1635	2 08	2 50	5 20
1636-1642	1 84	2 50	4 70
1643-1650	1 82	2 50	4 50
1651-1675	1 62	2	3 25
1676-1700	1 48	2 33	3 45
1701-1725	1 22	2 75	3 34
1726-1750	0 95	3	2 85
1751-1758	0 90	2 33	2 10
1759-1775	0 95	2 33	2 20
1776-1790	0 95	2 10	2 00

Prix moyen annuel du blé à Lyon.

	Liv.	Sols	Den.		Liv.	Sols	Den.
1630	4	17	2	1662	3	6	6
1631	4	17	5	1663	2	12	7
1632	2	2	7	1664	2	10	11
1633	1	11	5	1665	2	15	8
1634	1	10	2	1666	2	11	5
1635	1	12	10	1667	1	19	10
1636	2	3	6	1668	1	15	8
1637	2	16	8	1669	1	14	8
1638	2	2		1670	2	2	2
1639	1	15	7	**1661-1670**	**2**	**8**	**7**
1640	1	13	5	1671	2	2	6
1631-1640	**2**	**4**	**6**	1672	1	17	3
1641	2	5	6	1673	1	14	3
1642	2	8	2	1674	2	4	1
1643	3	13	5	1675	2	12	19
1644	3	9	9	1676	2	7	3
1645	2	5	1	1677	2	2	1
1646	1	19		1678	2	6	2
1647	1	19	2	1679	2	17	2
1648	1	19	10	1680	3	1	7
1649	2	17	6	**1671-1680**	**2**	**6**	**7**
1650	3	12	2	1681	2	8	8
1641-1650	**2**	**12**	**11**	1682	1	15	11
1651	3	15		1683	1	15	11
1652	5	3	3	1684	1	16	9
1653	4		4	1685	1	19	8
1654	2	5	11	1686	2		7
1655	2	5		1687	1	19	4
1656	2	5	9	1688	1	13	4
1657	2	5	3	1689	1	13	7
1658	3	5	3	1690	2	3	7
1659	2	19	4	**1681-1690**	**1**	**18**	**8**
1660	2	13	4	1691	3	1	9
1651-1660	**3**	**1**	**4**	1692	3	4	8
1661	2	18	2				

	Liv.	Sols	Den		Liv.	Sols	Den.
1693	5	7	5	1726	3	7	7
1694	5	15	11	1727	2	16	1
1695	2	18	9	1728	2	13	6
1696	2	8	2	1729	3	5	8
1697	2	12	10	1730	3	4	3
1698	4	1	10	**1721-1730**	**3**	**2**	**5**
1699	5	6	6	1731	3	6	9
1700	3	8	3	1732	3	9	10
1691-1700	**3**	**16**	**7**	1733	3	17	3
1701	3	1	3	1734	3	10	
1702	2	12	9	1735	3	12	8
1703	2	4	4	1736	3	16	7
1704	2	7		1737	3	14	2
1705	2	6		1738	3	12	
1706	2	5		1739	3	12	3
1707	2	2	3	1740	3	18	10
1708	3	6	5	**1731-1740**	**3**	**13**	
1709	10	14	7	1741	4	8	11
1710	5	14	4	1742	3	13	4
1701-1710	**3**	**13**	**4**	1743	3	2	5
1711	3	4	2	1744	3		9
1712	3	15	9	1745	3	1	7
1713	5	2	7	1746	3	7	
1714	4	12	6	1747	5	6	5
1715	2	13	9	1748	6	8	3
1716	2	7	10	1749	6	2	9
1717	2	2	1	1750	4	17	2
1718	2	9	2	**1741-1750**	**4**	**6**	**10**
1719	3	10	10	1751	3	9	5
1720	4	10	8	1752	3	16	3
1711-1720	**3**	**9**		1753	3	9	10
1721	2	16	10	1754	3	6	3
1722	2	16	8	1755	3	1	7
1723	3	2	9	1756	3	5	
1724	3	10	4	1757	3	8	10
1725	3	10	11	1758	4	2	10

	Liv.	Sols	Den.		Liv.	Sols	Den.
1759	4	16	5	1769	5	4	
1760	4	18	9	1770	6	14	4
1751-1760	**3**	**15**	**6**	**1761-1770**	**4**	**11**	**9**
1761	3	14	1	1771	7	8	5
1762	3	5	6	1772	5	16	9
1763	3	5		1773	5	19	10
1764	3	17	5	1774	5	19	1
1765	4	1	6	1775	5	19	1
1766	5	5	2	1776	4	10	1
1767	5	8	4	1777	4	3	6
1768	5	2	10	1778	5	7	10

APPENDICE II

Tableau de comparaison des prix du bichet de blé et des prix de l'hectolitre.

Bichet 34 litres 27		Anée 205 litres 60		Hectolitre	
livres	sols	livres	sols	francs	centimes
1	10	9		4	37
1	15	10	10	5	10
2		12		5	83
2	5	13	10	6	51
2	10	15		7	29
2	15	16	10	8	02
3		18		8	75
3	5	19	10	9	48
3	10	21		10	21
3	15	22	10	10	94
4		24		11	67
4	5	25	10	12	40
4	10	27		13	13
4	15	28	10	13	86
5		30		14	59
5	10	33		16	05
6		36		17	50
6	10	39		18	96
7		42		20	42
7	10	45		21	88
8		48		23	34

APPENDICE III

Liste des Trésoriers de l'Abondance.

1631	Claude Descouleur
1636	Pillehotte
1639	Marc-Antoine Mazenod
1643	Noël Costard
1644-1647	Pierre Romanet
1648-1651	Hugues André
1652-1654	François Savaron
1667-1673	Horace Millotet
1674-1675	Bathéon
1676-1677	Jean Claret
1678-1679	Claude Camet
1680-1681	Jacques Messier
1682-1683	Pierre Pichon
1684-1685	Louis Durand
1686-1687	Claude Bernard
1688-1689	Etienne Sorbière
1690-1691	Jean Arnaud
1692	Jacques Charrin
1693-1696	Barthélemy Dareste
1697-1698	François Sabot
1699	Pierre Trollier
1699 (13 juillet)	Antoine Bouchage
1700-1702	Jean Peysson
1703-1704	Jean Figuière
1705-1706	Jean de la Roche
1707-1718	Pierre Balme
1719-1724	Henry

1725-1730	Charge occupée par le receveur de la ville, Pierre-Gaspard Bathéon
1730-1734	Torrent
1734-1748	Jean-Mathieu Chancey
1748-1752	Joseph Chancey
1752	La charge de trésorier de l'Abondance est supprimée ; le receveur de la ville fait les comptes de l'Abondance.
1752-1766	Pierre Nicolau
1766-1775	François-Christophe Nicolau de Montribloud.
1775-1777	Louis Tolozan de Montfort

TABLE DES MATIÈRES

INTRODUCTION

L'inégalité de la production des denrées agricoles est la cause des disettes	1
Intervention des pouvoirs publics. — Remèdes curatifs : primes à l'importation, droits de sortie, approvisionnements accidentels de l'Etat	3
Remèdes préventifs : réserves permanentes de grains. Avantages et inconvénients des greniers d'abondance, leur valeur économique.	9
Historique des greniers d'abondance en France et à l'étranger...	21
Réserves de blés entretenues actuellement par l'autorité militaire.	31
Les greniers d'abondance de Lyon ; sources et division de cette étude	34

CHAPITRE PREMIER

Les origines et la fondation de la Chambre d'abondance 38

SECTION PREMIÈRE. — *Origines* 38

§ I. Expérience de 1586 41
§ II. Expérience de 1630 43
§ III. Expérience de 1636 46

SECTION II. — *Fondation de la Chambre d'abondance* 51

§ I. L'assemblée du 31 août 1643 51
§ II. Les règlements de la Compagnie de l'Abondance 54

CHAPITRE II

Organisation et direction de la Chambre d'abondance 59

SECTION PREMIÈRE. — *Première période (1643-1694)* ... 61

§ I. Interruption causée par l'émeute de 1653 62
§ II. Fonctions des directeurs. Leurs avances de fonds 67
§ III. L'émeute de 1693 71

SECTION II. — *Deuxième période (1694-1747)* 73

§ I. L'assemblée du 9 janvier 1694 73
§ II. La disette de 1709 77
§ III. Nouvelle modification des règlements en 1730 79

SECTION III. — *Troisième période (1747-1777)* 81

Suppression des directeurs de l'Abondance ; leur remplacement par un seul échevin 81

CHAPITRE III
Fonctionnement de l'Abondance 86

SECTION PREMIÈRE. — *Achat des blés* 88

§ I. Provenance des blés achetés par l'Abondance............... 88
Rayon d'interdiction autour de la ville.................... 88
Achats en Bourgogne.. 89
Achats dans les autres provinces........................... 99
Achats à l'étranger.. 102
§ II. Méthode employée par l'Abondance pour ses achats........ 105
Mode de paiement... 109

SECTION II. — *Transport des blés*.................... 110

§ I. Prix du transport proprement dit....................... 112
§ II. Droits fiscaux grevant le transport.................... 116
§ III. Droits fiscaux payés pour les grains à leur entrée à Lyon. —
Droit de cartelage.. 120
Droits de mesurage.. 123

SECTION III. — *Conservation des blés*.............. 131

§ I. Greniers loués à des particuliers (1643-1672)............ 131
§ II. Bâtiments achetés par le Consulat pour servir de greniers d'abondance (1672-1728)...................................... 135
§ III. Les greniers d'abondance de Serin (1728-1777)........... 138
§ IV. Frais de conservation des blés......................... 146

SECTION IV. — *Vente des blés*........................ 150

§ I. Vente libre et facultative............................ 152
1° Ventes facultatives aux particuliers................... 153
2° Ventes facultatives aux boulangers..................... 157
§ II. Vente forcée... 165
Historique de ces distributions forcées................... 166
Répartition générale des blés de l'Abondance entre tous les habitants ; ordonnance du 17 juin 1710.................. 170
Distributions ultérieures................................. 183

CHAPITRE IV
Les résultats pratiques de l'Abondance.................... 186

SECTION PREMIÈRE. — *Résultats obtenus pendant la 1re période (1643-1694)*... 187

SECTION II. — *Résultats obtenus pendant la 2e période (1694-1747).* 193

§ I. Disette de 1693-1694.................................. 193
§ II. Famine de 1709. Réglementation organisée par le Consulat pour la distribution du pain............................ 196
§ III. Disette de 1740-1741................................. 207

SECTION III. — *Résultats obtenus pendant la 3e période (1747-1777).* 210

§ I. La cherté de 1748 à 1750.............................. 211
§ II. Distribution gratuite de pain en 1756-1757............. 216

CHAPITRE V
Les dernières années et la suppression de l'Abondance............ 219

SECTION PREMIÈRE. — *Modifications projetées ou adoptées de 1765 à 1775*.. 219

§ I. Projet de modification voté en 1765..................... 219
§ II. Prélèvement du dixième des blés qui traversaient Lyon...... 222
§ III. Suppression définitive du droit de rêve.................. 223
§ IV. Disette de 1770-1771.................................. 227

SECTION II. — *Suppression définitive de l'Abondance*............. 236

§ I. Les adversaires des greniers d'abondance. Le concours de la Société d'agriculture de Lyon........................... 236
§ II. Les vues des contrôleurs généraux sur les greniers d'abondance 241
§ III. Le Consulat décide la suppression de l'Abondance......... 245

CONCLUSION 252

APPENDICES... 261

Lyon. — Imp. J. Poncet, rue François-Dauphin, 18.

www.ingramcontent.com/pod-product-compliance
Lightning Source LLC
Chambersburg PA
CBHW050651170426
43200CB00008B/1246